Elisabeth Zöller
Auf Wiedersehen, Mama

Die Autorin

Elisabeth Zöller, 1945 in Brilon geboren, wuchs in Westfalen auf und studierte Deutsch, Französisch, Kunstgeschichte und Pädagogik in Münster, München und Lausanne. Sie war 17 Jahre an verschiedenen Gymnasien tätig und schreibt seit 1987. Neben Beiträgen in Zeitschriften und Anthologien hat sie bereits einige Kinder- und Jugendbücher veröffentlicht, u. a. ›Alex – belogen‹, ›Der Krieg der Dorfkinder‹.
Weitere Titel der Autorin bei dtv junior: Siehe Seite 4.

Elisabeth Zöller

Auf Wiedersehen, Mama

Mit Zeichnungen und Collagen der Autorin

Deutscher
Taschenbuch
Verlag

dtv

Von Elisabeth Zöller sind außerdem bei dtv junior lieferbar:
Ein Papa für Paula (dtv junior Lesebär – große Druckschrift), Band 75017
Kleine Pippa – ganz groß (dtv junior Lesebär – große Druckschrift), Band 75020

Ungekürzte Ausgabe
September 1994
Deutscher Taschenbuch Verlag GmbH & Co. KG, München

ISBN 3-7903-0383-6
Umschlaggestaltung: Klaus Meyer
Umschlagbild: Sabine Lochmann
Gesetzt aus der Garamond 10/12·
Gesamtherstellung: Kösel, Kempten
Printed in Germany · ISBN 3-423-78057-6

Wie willst du ein Mensch werden ohne Schmerzen?

Maxie Wander

Für Susanne

Ich danke meinen Kindern
Anne und Brigitte
für ihre Mitwirkung
an den Zeichnungen und
Collagen

Dies sind die Geschichten, die ich aufgeschrieben habe, als meine Mama so krank war und immer kränker wurde...
Ich konnte nicht alles aufschreiben,
aber das Wichtigste:
das, was mir Kummer gemacht hat,
das, womit ich nicht fertig wurde,
auch meine Angst – und auch das, was mir geholfen hat:
das habe ich aufgeschrieben – mußte es einfach.

Ich habe jetzt, viel später, ein Buch daraus gemacht für alle, die auch eine kranke Mutter haben –
auch für die, die solche Mädchen und Jungen in der Klasse oder in der Nachbarschaft treffen, damit sie sie besser verstehen –,
besonders aber für Moritz und Peter und Tilman, weil sie sich nicht haben unterkriegen lassen –

und auch, weil ich denke, daß wir viel mehr an den Tod denken müssen.
Er ist ein Stück unseres Lebens.

15. 7.

Schade, daß ich nicht die Zeit festhalten kann, einfach festhalten in der Hand – oder im Kopf.
Aber die Zeit kann man nicht feshalten,
auch nicht das, was passiert –
auf jeden Fall nicht alles,
auch nicht die Geschichten, die passieren,
oder all die Geschichten, die ich mir ausdenke.
Ich möchte sie festhalten. Besonders, wenn es schön war.
Aber auch traurige Sachen.
Und dafür ist mein Tagebuch da.
Mama hat es mir zum Geburtstag geschenkt. Sie hat gesagt: »Für den Urlaub, und weil du jetzt dreizehn Jahre alt bist ... und weil du sicher anfängst, über vieles nachzudenken; und – du wirst sicher auch vieles für dich allein überdenken wollen.« – Woher weiß Mama das – Aber ich glaube, ich habe immer viel nachgedacht. Ich weiß noch, wie ich mir mal überlegt habe, ob man die Zeit hören kann.
Oder mit unserem Kopf: Wie ist das mit unserem Kopf? Ist das wie bei einem Filmapparat, daß ich die Bilder in mir habe? Wie kommen die da hinein?
Mama hat mir mal gesagt, ich solle nicht so viel nachdenken über alles. Aber ich glaube, das tut jeder. Oder?
Nur die meisten sprechen nicht darüber.
Warum, weiß ich auch nicht.
Vielleicht haben sie Angst.
Vielleicht haben sie Angst, ausgelacht zu werden, weil eben keiner drüber spricht.
Ich bin froh, daß ich das alles jetzt aufschreiben kann. Das ist so ähnlich wie: mit einem Freund reden. Und dann kann ich es immer wieder lesen – und noch einmal und noch einmal.

Dann kann ich ja doch die Zeit festhalten! Gut!
Oder wenigstens das, was ich aufschreibe –
und das, was ich fühle dabei.
Und ganz viele Bilder, die ich nicht aufschreiben kann, die aber in mir drin sind:
wie die Musik und die Wärme und die Tränen und alles.

16. 7.

Irgendwie –
ein tolles Gefühl: *mein Tagebuch.* Da liegt es vor mir: mit weißem Lackeinband, Schloß und schwarzem Schnitt.

18. 7.

Knallheiß draußen.
Hinten das Meer.
Ein ruhiges, schönes Geräusch, die Wellen, wie sie an den Strand schlagen, immer wieder.
Aber irgend etwas stimmt heute nicht. Mama war heute den ganzen Tag, als wenn sie weit weg wäre – gar nicht hier. Traurig war sie.
Und dann hab' ich sie weinen gehört.
Dann war es wieder still, und dann hörte ich es wieder, aus dem Badezimmer – in die Stille hinein.
Ich sprang von meinem Bett, ging auf die Tür zu, zögerte ein wenig, drückte dann aber die Klinke und sah ... Mama auf dem Rand der Badewanne, allein, sie weinte.
»Mama, was ist?«
Ich setzte mich zu ihr. Ich wollte sie trösten, wie sie mich tröstet, wenn Bibi und Nicole wieder so doof gewesen sind in der Schule...

Mama versuchte ein Lächeln, aber irgendwie war das ganze Badezimmer voll von ihrem Weinen. Für nichts anderes war Platz.

»Mama, was ist...?«

Ich hab' es ein paarmal gesagt, bis es bei Mama angekommen ist. Sie sagte: »...ich fühle mich nicht gut, ich fühl' mich irgendwie krank.« Und dann hat sie wieder geweint.

Ich hab' von der Klopapierrolle etwas abgerollt und versucht, ihr die Tränen abzuwischen.

»Du, Mama, leg dich doch hin, und ich versorge dich. Ich kann Pudding kochen und Kuchen backen – und du kannst einfach mal schlafen.«

Ich hab' sie an die Hand genommen – und sie ließ sich auch führen – und sie dazu gebracht, daß sie sich auf ihr Bett legte, die Schuhe auszog – ich wollte ganz lieb zu ihr sein.

Als ich Blumen gepflückt hatte, stellte ich sie an ihr Bett – und brachte ihr mein Lieblingsbuch. Mama weinte noch ein bißchen.

»Wird gleich besser«, sagte ich.

Daß Klaus und ich dann später beim Puddingkochen Krach hatten, wollte ich wirklich nicht. Aber wenn der Klaus so doof ist: Er wollte immer rühren, und alles spritzte weg – und da hab' ich ihm gesagt, er sei bescheuert, und er hat mir eine geknallt, und da hab' ich ihn getreten und...

Bis mir auf einmal Mama wieder einfiel. Und da bin ich zu ihr gegangen.

Sie war eingeschlafen.

Ich hab' die Zimmertür zugemacht und dann gelesen und mit meinem Stoffhasen geschmust, obschon ich dafür doch viel, viel zu alt bin. Und ich hab' es gespürt!

Irgend etwas war anders.

Der Tag war anders.
Mama war anders und Papa auch. –

Und danach geschah etwas Komisches:
Ich hab' im Bett gelegen und mich langgestreckt. Über mir in der Wand ist ein Dachfenster, dahinter direkt der Himmel. Er war blau; nur eine weiße Wolke schwebte langsam von links nach rechts. Ich kniff die Augen zusammen, doch plötzlich erschrak ich: ein großer schwarzer Vogel flog durch »mein Stück Himmel«. Ganz schnell, nur einen Augenblick lang, und dann war er wieder weg. Aber er kam zurück, als hätte er bemerkt, daß er eben zu schnell durchgerast war. Er hatte seine Flügel gespannt, er lag auf dem Wind und beschrieb einen weiten Bogen. Er sah schön aus, schön und dunkel. Ein schwarzer Vogel. Jetzt bewegte er die Flügel, dann glitt er auf der Luft, um dann um so kräftiger mit einigen Schlägen sich zu erheben, hoch hinauf. Ich bin aufgestanden und hab' ihm nachgeschaut durch das Fenster – bis an den Rand des Himmels: – Der schwarze Vogel flog ins Licht. –
Ob so ein schwarzer Vogel etwas zu bedeuten hat?
Unglück?
Oder?
Dabei ist Schwarz meine Lieblingsfarbe!

18. 7. nachmittags

Papa und Mama fuhren zur Klinik. »Blutuntersuchung«, sagten sie.
Mama war wieder so komisch.
Ich fühl' mich ganz elend. Ich möchte am liebsten schreien, wenigstens jemanden anrufen.

Aber das geht ja nicht, hier im Ferienhaus. Dabei hab' ich mich wie verrückt auf die Ferien gefreut.
Und Mama hatte mir so lieb das Tagebuch geschenkt. »Weil du ja keine Freundin mitnehmen kannst«, hat sie gesagt. War wohl schön, als Bibi immer mitfuhr. Aber ich kann ja verstehen, daß Bibis Eltern – wenn die jetzt endlich mal verreisen können – ihre Bibi auch mitnehmen wollen.
Wenigstens kann ich in mein Tagebuch schreiben. Schade, daß man da nicht rein*schreien* kann. Dann wäre es heraus. – Vielleicht.
Da ruft Klaus. Ich glaube, der hat auch etwas gemerkt. Ich denke manchmal, die Kleinen merken noch viel, viel mehr. Und was heißt schon »klein«? Sieben Jahre ist er alt.
Und ich dreizehn – ist ja auch noch kein Greisenalter –, auch wenn ich bald vierzehn werde.
»Wo sind Papa und Mama, warum haben sie uns nicht mitgenommen?«
»Mama mußte zum Arzt«, hab' ich gesagt.
Klaus hat weitergespielt. »Ich habe Hunger«, sagte er. Wir haben Butter auf den Tisch gestellt und eine Baguette. Er hat eine Schnitte gegessen, dann war er satt.
»Gehen wir heute zum Strand? Bitte, bitte...«
»Vielleicht«, hab' ich gesagt. Aber eigentlich wollte ich hier auf Papa und Mama warten. Vielleicht war ja alles gut, und sie kamen gleich strahlend zurück, und alles war nur ein Traum oder einfach nur Angst gewesen. Denn Angst hatte ich – so ein Loch im Bauch. Ich schmierte mir ein Brot; ich schmierte mir noch ein Brot und noch ein Brot und aß so vor mich hin. Bis das Brot zu Ende war und die Marmelade.
Ich hatte das große Loch in meinem Innern – dieses komische Gefühl im Bauch – mit Brot gestopft – doch

das hielt nicht lange, nur einen Augenblick. Dann kam es wieder, und Papa und Mama kamen auch. Sie sprachen kaum. Mama sagte mir, jetzt müßten sie warten.

»Worauf müssen wir warten?« fragte ich.

»Ob es gut ist oder nicht«, sagte Mama. Papa strich Mama manchmal über den Kopf oder einfach so über die Hand. Mama schaute ihn an und lächelte.

»Gehen wir denn jetzt zum Strand?« bettelte Klaus.

»Ich möchte jetzt nicht«, hat Mama gesagt.

Aber ich bin dann mit ihm gegangen. Ich wollte irgendwie, und ich hatte auch das Gefühl, als wenn Papa und Mama Zeit brauchten für sich.

Ich nahm also Klaus an die Hand, drückte sie ganz fest. Er hat zurückgedrückt, und wir lachten uns an. Und dann bauten wir eine große Burg. Ich lag in der Sonne und habe meine Füße eingebuddelt.

Weit am Horizont war ein Schiff, ein Segelschiff, mit ganz weißen Segeln gegen das Blau des Himmels und des Wassers. Toll! Ich hab' die Augen zusammengekniffen.

»Wenn das Schiff jetzt näher kommt – und wenn auch nur ein bißchen, dann ist doch alles gut.«

Ich starrte auf den Punkt – so klein war das Schiff. Klaus zeigte auch darauf. Es schien sich nicht zu bewegen – jetzt gerade, wo ich wartete. Ich legte mich zurück und schloß die Augen. Jetzt würde das Boot näher kommen. Ich zählte noch einmal bis zehn, ganz langsam. Dann schaute ich auf. Das Boot war noch da. War es jetzt näher? Einmal glaubte ich ja, dann wieder nein.

Ich fragte Klaus. Der guckte auf, zuckte mit den Achseln: »Weiß nicht. Du – hilfst du mit, meine Burg mit Muscheln zu verzieren?«

»D'accord.«

Klaus lachte. »Einverstanden«, heißt das. Das sagt Mama immer.
Der Graben wurde noch tiefer gebuddelt, die Burgmauern glatt geklopft, und ich sammelte Muscheln: Miesmuscheln und welche, die aussehen wie Schnecken, und ganz runde – wie ein Chinesenhut. Ich setzte sie in Bahnen über die Burg. Wo das Schiff jetzt wohl war? Jetzt noch nicht gucken, jetzt nicht! Ich drehte mich extra mit dem Rücken dorthin, damit ich nicht doch blinzelte oder aus Versehen aufschaute. Aber jetzt war der Eimer leer. Jetzt durfte ich gucken. Ich suchte – aber nichts war zu sehen.
Das Schiff war weg.
War es jetzt näher gekommen? – – –
Ich wußte es nicht.
Genausowenig wie ich wußte, ob mit Mama jetzt alles gut war oder doch nicht.

19. 7. morgens

In der Nacht plötzlich hab' ich ein Schreien gehört.
Ob draußen Tiere waren? Vielleicht eine Katze oder... Ich kannte mich hier in der Bretagne nicht so aus. Ich kroch unter meine Bettdecke und zog sie mir über die Ohren. Da war das Schreien wieder. Ich hielt mir die Ohren zu. Aber das konnte ich auch nicht lange haben. Ich nahm die Finger wieder heraus aus den Ohren. Es war still.
Doch da war es wieder, lauter als vorher: Ein richtiges Weinen.
Aber ... aber das war doch nebenan. Das war doch der Klaus. Ich tappte im Dunkeln zu meinem Licht hin. Da ging draußen im Flur auch schon ein Licht an. Es kam

durch die Ritze unter der Tür. Ich machte die Tür auf. Sie quietschte. Mama ging gerade in Klaus' Zimmer. Der saß da mitten im Zimmer – vielmehr hockte, drückte seinen Teddy und weinte. Mama nahm ihn hoch auf den Arm. Sie ging langsam zu seinem Bett, setzte sich, zog ihn auf den Schoß und strich ihm über den Kopf.

»Was war denn?« fragte sie.

»Ich konnte den Lichtschalter nicht finden«, schluchzte Klaus. »Und ich hatte geträumt: Ich war ganz weit gelaufen und hatte den Weg verloren. Da waren die Felsen am Strand und das Meer und Disteln und Brennesseln und kein Mensch, der Himmel oben und das Meer – und da hab' ich geschrien, ich wußte nicht mehr, wohin... Ich wußte überhaupt nicht, wo ich war!«

Mama strich ihm immer wieder über die Haare. Ich setzte mich daneben. Sie legte jetzt ihren Arm auch um mich. Wir saßen – lange.

»Jetzt müssen wir aber alle wieder schlafen«, sagte Mama, stand auf, zog auch mich hoch. Schade, ich wäre am liebsten so sitzen geblieben. So mit Mama und Klaus und in der Nacht.

Klaus fror. Mama holte noch eine Decke. Auch eine für mich. Sie legte sie über mich, kuschelte mich ein. Ich hab' dann ganz fest geschlafen und geträumt. Was – das weiß ich nicht mehr. Ich weiß nur, daß das Licht am nächsten Morgen weich war und schön – so wie mein Traum. Schöne Träume haben etwas zu bedeuten. Oder?

20. 7.

Heute morgen ist Klaus ganz früh wach geworden. Er hat mich geweckt. Erst war ich richtig sauer, aber dann hatte ich auf einmal eine Idee.

»Weißt du, was wir machen? Wir gehen zum Bäcker, frisches Brot holen, und dann sammeln wir für Mama da unten am Strand noch Hortensien oder andere Blumen.«

»Und tolle Steine«, sagte Klaus.

Wir haben uns unsere Puschen angezogen, sind nach unten geschlichen, haben einen Zettel hingelegt: »Wir gehen zum Bäcker« – dann sind wir hinten zur Terrassentür hinausgeschlichen. Es war noch ganz leer auf den Straßen. Beim Bäcker konnten wir zwei Baguettes kaufen, denn mehr Taschengeld hatten wir nicht, aber dazu reichte es. Dann gingen wir am Strand entlang nach Hause. Der Wind wehte vom Meer und trieb dicke Wolken vor sich her. Wir haben bald am Strand Hortensien gefunden und einen ganz dicken Strauß gepflückt, blaue und ein paar violette, mit den Wurzeln. Zu Hause wollten wir sie dann einpflanzen. Klaus wollte nur blaue, aber ich hab' ihm gesagt, daß Mama die violetten auch gerne mag.

»Blaue Blumen sind Zauberblumen«, sagte ich. »Sie kommen in Märchen vor und in alten Liedern, und wenn man jemanden, der krank ist, damit berührt, wird er wieder gesund.« Das hatte Mama früher einmal erzählt. Ob es wohl stimmte? Ich würde Mama jedenfalls damit berühren.

Wir haben uns auf einen dicken Stein gesetzt. Die Sonne stand über dem Meer, der Wind wehte leicht. Es war ein schöner Morgen.

Danach haben wir viele weiße Steine gefunden, aber auch viele Glitzersteine, sehr kleine und ganz flache. Wir haben die flachen so übers Wasser geworfen, daß sie hüpften. Erst konnten wir's nicht so gut, aber am Schluß ist meiner dreimal und Klaus' Stein zweimal gehüpft. Viele Steine haben wir dann in die Hosentaschen gesteckt, bis

sie so voll waren, daß wir uns kaum noch bewegen konnten.
»Ich glaub', wir müssen jetzt nach Hause, denn Papa und Mama sind jetzt sicher wach und warten auf das Brot.«
Also sind wir gerannt. Von weitem winkte uns Papa schon zu, als er uns kommen sah. Wir winkten zurück und fanden das richtig lustig, haben uns noch einmal hinter einem Baum versteckt und gewinkt. Aber Papa hat Zeichen gemacht, wir sollten schnell kommen, und wir sind gerannt. Wir haben das Brot hingelegt und die besten Steine. Aber Papa hat nur gesat: »Wo wart ihr denn so lange, es ist doch schon halb zwölf. Wir dachten, es wäre etwas passiert.«
Ich hab' auf die Uhr geguckt und war ganz erschrocken, daß es schon so spät war.
»Wir wollten euch nur überraschen«, sagte ich. »Ehrlich. Wir haben gar nicht gemerkt, daß es schon Mittag ist.«
Und ich hab' Mama mit den blauen Blumen berührt. – Mein Herz klopfte dabei: Ob es etwas hilft?
Dann haben Papa und Mama unsere Steine bewundert. Einer schimmerte sogar ein bißchen golden. Nicht wirklich, aber er glänzte so.
»Katzengold ist das«, sagte ich. Katzengold bringt Glück. Und ich hab' ihn Mama geschenkt. Aber Mama sah immer noch traurig aus: Ich glaube, da hab' ich wieder die Angst gekriegt, so im Bauch, ein Kribbeln, ein Drücken, und ein bißchen übel war mir auch. Ich ging in mein Zimmer und wollte allein sein – und hab' geschrieben – das hier.

21.7.

Als ich allein war, hat es geklopft.
Erst wollte ich gar nicht aufmachen, aber da kam Klaus schon ganz vorsichtig herein.
»Darf ich bei dir ein bißchen basteln?« fragte er. Und da kann man ja echt nicht nein sagen, so als große Schwester. Und Klaus ist ja ein süßer Bruder, auch wenn ich ihn manchmal auf den Mond befördern könnte.
Er setzte sich in eine Ecke und raschelte vor sich hin. Mit Goldpapier.
Ich bin neugierig geworden und hab' ihm über die Schulter geschielt.
»So, und da kommst du jetzt rein«, hat er gemurmelt. Und er legte unseren Goldstein hinein.
Mit der Goldfolie unten in der Dose hat das richtig feierlich ausgesehen.
»Spielst du mit?« fragte Klaus. »Dies wäre ein großer Schatz. Der gehört uns beiden. Und der Schatz hat Zauberkräfte. Daß er ganz stark macht und unsichtbar vielleicht auch.«
Da holte ich einen Ring aus der Schublade, den hatte ich am Tag vorher aus dem Kaugummiautomaten gezogen.
»Den leg' ich hinein«, sagte ich. »Und ein Stück von der blauen Blume.«
»Und das alles gehört uns«, hat Klaus gesagt. »Und wenn man das anguckt, ist man nie allein, sondern immer ist der andere bei einem... Das ist das Geheimnis der Dose.«

21. 7. abends

Und dann sind Papa und Mama zur Klinik, wo die Blutuntersuchung gemacht worden war, und sie kamen zurück und waren sehr ernst.
Papa ist in unser Zimmer gekommen – Klaus und ich spielten gerade mit der Schatzdose –, setzte sich zu uns und sagte: »Ich muß jetzt mit euch über etwas Ernstes reden.« Sofort hatte ich wieder dieses Kribbeln im Bauch und einen Kloß im Hals.
»Mama ist krank und muß sofort operiert werden«, sagte Papa. »Deswegen müssen wir morgen zurückfahren nach Hause.«
»Was ist das denn für eine Krankheit?« fragte Klaus.
»Mama hat einen Knoten in der Brust«, sagte Papa.
»Und dafür ist das Blut untersucht worden?« fragte ich.
»Nein, nicht nur, man hat auch eine Probe aus der Brust entnommen«, sagte Papa. »Aber Mama muß operiert werden, und wir müssen morgen fahren.«
Ich wußte nicht, was ich sagen sollte.
»Papa, wir helfen auch ganz feste beim Packen – und wir sind bestimmt ganz leise hinten im Auto auf der Fahrt«, meinte Klaus.
Dann saßen Klaus und ich erst einmal da und sagten gar nichts. Ich setzte mich zu ihm und hielt mich ein bißchen an ihm fest, und dann habe ich meinen Schmusehasen geholt.
Doch auf einmal sprang Klaus auf und fing an zu packen wie wild. Und da hab' ich mitgemacht, bis die ganzen Koffer wieder so dastanden wie zu Anfang.
Und dann ging ich hinunter zu Mama und drückte sie einfach ganz fest.
Am Abend konnte ich nicht einschlafen. Da bin ich zu

Klaus gegangen und hab' ihn gefragt: »Sollen wir mal beten für Mama?«
Klaus hat genickt. Und dann haben wir immer wieder gesagt: »Lieber Gott, mach Mama gesund.«
Auf einmal hat Klaus geweint und gesagt: »Ich will aber nicht mehr beten, denn wenn der Gott Mama so krank macht, dann ist das gar kein lieber Gott.«
Und ich fand das auch. Dann haben wir noch mehr geweint. Und plötzlich ist die Tür aufgegangen, und Mama ist gekommen, als hätte sie alles gemerkt.
»Wir wissen ja noch gar nicht, ob es schlimm ist«, sagte sie. Aber sie machte dabei ein so ernstes Gesicht, daß ich es nicht geglaubt habe. Mama streichelte uns und sang ein Abendlied wie früher, als wir noch klein waren, und wir schliefen ein.
Ich fühle es: Es ist etwas zu Ende, das wir lange Zeit ganz selbstverständlich gehabt haben und das wir erst jetzt beginnen zu begreifen.

22. 7.

Wir fuhren fünfzehn Stunden, damit Mama schon morgen ins Krankenhaus kommen und operiert werden kann. – Ich bin todmüde, und meine Beine tun weh – und alles war so komisch. Keiner hat richtig gesprochen.

26. 7.

Vor einigen Tagen ist Mama operiert worden. Papa ist morgens ganz früh aufgestanden, hat uns das Frühstück hingestellt und einen Zettel hingelegt.
»Ich bin bei Mama. Macht es euch ganz schön. Ihr dürft fernsehen. Wenn die Operation vorbei ist, rufe ich euch an.«

Wir sind um neun Uhr aufgestanden und haben sofort das Fernsehen eingeschaltet. Aber da war noch nichts. Da schleppte Klaus plötzlich ein Buch an. »Gesundheitslexikon« hieß es. Wir haben darin geblättert und uns alle Bilder angesehen, aber einen Knoten in der Brust fanden wir nicht. »Dann ist es sicher nicht so schlimm«, sagte Klaus, »wenn es da noch nicht mal steht.«

Wir waren froh und haben für Mama ein paar ganz tolle Bilder gemalt. Danach sahen wir fern, und auf einmal läutete das Telefon. Wir sind beide hingestürzt und haben »Hallo« gesagt. Es war Papa. Ich hatte jetzt den Hörer in der Hand.

»Die Operation ist gut verlaufen«, sagte er. Wir machten einen Luftsprung und sagten zu Papa, er könne ruhig ganz lange bei Mama bleiben, und uns ginge es jetzt sehr gut.

Wir führten einen Indianer-Freudentanz durch die ganze Wohnung auf und sangen.

»Jetzt suchen wir uns leckeren Saft und Kekse, denn das muß gefeiert werden.«

Das sagt Mama immer. Wir aßen eine ganze Schokoladenkeksrolle und tranken zwei große Gläser Saft. Wir haben Papa ein Abendessen hingestellt mit Fisch und Camembert und Bier und Wein. Und dann haben wir noch gespielt.

Als Papa kam, war er ganz ernst, viel ernster, als wir gedacht hatten. Er war lieb zu uns, aber wir merkten, daß er für sich allein sein wollte. Da sind wir schnell zu Bett gegangen und haben uns gegenseitig Gutenachtgeschichten erzählt.

28. 7.

Heute hat Papa mich zum ersten Mal mitgenommen. Gut, daß Mama in dem Krankenhaus hier in der Nähe liegt. Dann können wir sie öfter besuchen.
Wir mußten zur Intensivstation. Ich war ganz aufgeregt, weil das alles so fremd war – und auch wegen Mama.
Wir mußten erst schellen, und dann kamen wir in einen Raum, da mußte man sich einen grünen Kittel anziehen – und einen Mundschutz mußten wir auch umtun – und grüne Papierpuschen über die Füße ziehen.
Wir sahen jetzt so aus wie Ärzte – in Filmen oder im Fernsehen.
Und als wir gingen, kamen wir in einen langen Flur, die Wände waren alle aus Glas, und dahinter standen Betten. Vom Flur aus konnte man alle Patienten in ihren Betten sehen. Eine Krankenschwester führte uns. Sie war sehr nett. – Auch zu Mama war sie lieb. (So möchte ich auch einmal werden.) Aus allen Räumen – die Türen standen offen – hörte man ein Ticken und Summen.
Die Schwester erklärte uns, daß das die Geräte seien, mit denen das Herz und der Kreislauf der Kranken überprüft würden. Die Kranken schliefen fast alle.
Dann kamen wir zu Mama.
Mama sah ganz weiß aus und klein in dem großen Bett. Aus der Nase kam ein Schlauch und auch aus dem Mund. Und in der Hand oben steckte eine Nadel, und daran hing ein Schlauch, der zu einer Flasche führte, aus der ganz langsam Nahrung in ihr Blut tropfte.
Ich mochte Mama kaum anfassen, so zerbrechlich und klein lag sie da. Sie schlief. Als Papa ihre Hand berührte, machte sie die Augen auf und lächelte.
Dann schlief sie wieder ein.
Neben ihr lag eine alte Frau, die atmete ganz laut.

Wir sind bald wieder gegangen – Papa und ich.
Ich habe Klaus erzählt, weil der noch nicht mitdurfte, erst ab zwölf darf man hinein.

30. 7.

Mamas Nachbarin, die alte Frau, war heute nicht mehr da. Warum wohl? Ob sie tot ist?
Wie ist das eigentlich, wenn man stirbt? Was ist der Himmel, oder wohin kommt man?
Keiner kann einem etwas sagen. Ich habe Papa gefragt und mit Klaus darüber gesprochen. Irgendwie habe ich das Gefühl, daß man dann irgendwo hingeht, wo es schön ist.
Aber wissen tut es keiner richtig.
Dabei hatte ich früher immer gedacht, die Erwachsenen wüßten alles. Und ich hatte auch gedacht, wenn ich groß bin – vielleicht achtzehn oder zwanzig –, wüßte ich auch alles.
Aber das ist wohl nicht so.
Und ich dachte auch, als Erwachsener hätte man alles. Aber: »Man bekommt nie die ganze Welt«, hat Papa gestern gesagt, »sondern immer nur eine Hand voller Blätter – und die verwelken und wehen auch wieder weg.«
Und so ist das auch. – Irgendwann – ganz leise – weht alles weg – irgendwohin.
Und das heißt Tod. –
Oft habe ich Angst davor.

Tränen
von Mascha Kaleko

Locker
so locker hinterm Auge
sitzen mir die Tränen
wie Regentropfen vor dem Gewitter
es braucht nichts
keinen Blitz

und du weinst.

31. 7.

Ich habe einen schönen Spruch gefunden in meinem Gedichtbuch von letzten Weihnachten:

»Vögelchen, Vögelchen,
wo kommst du her?
Ich kann es nicht sagen,
ich weiß es nicht mehr.

Vögelchen, Vögelchen,
wo gehst du hin?
Das weiß ich erst,
wenn ich hier nicht mehr bin.«

Ich glaube, die Menschen fragen zuviel – das Vögelchen staunt nur – und nimmt das so an; geht einfach weiter, auch auf den Tod zu...

1. 8.

Papa ist jetzt oft im Krankenhaus.
Wir fahren häufig mit. – Mama liegt in einem richtigen Zimmer – und Klaus darf mitgehen zu ihr.
»Ist denn jetzt alles gut?« flüsterte ich Mama zu.

»Vielleicht schaff' ich es«, hat Mama gesagt. Als ich danach nach Haus fuhr, war der Himmel heller.
»Vielleicht, vielleicht schaff' ich es...«, hatte Mama gesagt. »Vielleicht, vielleicht...«
Dieses »Vielleicht« hing da wie eine Wolke, die manchmal da ist und dann wieder davonweht, wenn ich trauriger werde. Sie weht, wie sie will. So kommt es mir auf jeden Fall vor.

7. 8.

Ich besuchte Mama dann immer häufiger.
Zuerst fand ich sie sehr blaß, aber dann ging es ihr besser.
Ich brachte ihr oft etwas mit. Manchmal ein Sträußchen, einfach so aus kleinen Blumen vom Wegrand. Oder einen Stein. Manchmal hab' ich ihr auch Bilder gemalt. Mama hat sie alle über ihr Bett gehängt – und auch welche von Klaus. Der ging oft direkt nach der Schule hin, weil er ja auch eher Schluß hat im zweiten Schuljahr.

8. 8.

Heute hat Mama mir eine tolle Geschichte erzählt. Eigentlich gar keine Geschichte, sondern eine Mamageschichte von ihr früher. Ich will sie aufschreiben, weil ich sonst nicht alles behalte, und ich will sie noch oft lesen, weil das auch ein Stück Mama ist.
Mama erzählt jetzt oft Geschichten, wenn ich sie besuche, und ich hab' mir ein Mama-Geschichtenheft angelegt.
Mama kann schön erzählen.
Dann ist sie richtig froh – gar nicht krank. Und ich hör' die Geschichten unheimlich gern.
Woher kommt das eigentlich?

9. 8.

Manchmal lese ich jetzt in meinem Tagebuch. Dann muß ich aber ganz allein sein und für mich.
Mein Tagebuch ist so, als wenn ich in mir selbst so ein Buch hätte, in dem ich blättern kann.
Und da drin sind ganz viele Bilder.
Und da drinnen bin auch ich, ich, die Dodo.
Ganz für mich bin ich da. Ich kann mir daraus etwas erzählen oder Bilder malen. Und da drinnen bin nur ich. Das ist ein schönes Gefühl. So, als wenn man ein Haus hat, in dem man sein kann, wann man will.
Da drinnen sind auch Bilder von Mama und von Oma und von meinem Geburtstag und von Weihnachten.
Und auch von der blauen Blume in der Bretagne. Die ist dort am Fenster, und ein Bild von ihr ist in mir drin. Und auch ein Bild von unserer Schatzdose.
Ein ganzes Buch voll von Bildern und Geschichten ... und Geheimnissen.
Das bin ich.

10. 8.

Gestern fing die Schule wieder an. Ich hatte mich diesmal richtig darauf gefreut, weil Mama ja nicht zu Hause ist und weil Bibi dann auch endlich wieder da ist. Die war bis zum Schluß verreist.
Meine neue Lehrerin ist nett.
Ich glaube, Papa hat sie angerufen und ihr alles erzählt. Sie kam nach der Stunde zu mir und sagte mir, wenn etwas wäre, könnte ich immer zu ihr kommen. »Auch zu mir nach Hause«, hat sie gesagt. Die hat ja wirklich komische Vorstellungen! Ich will doch zu einer Lehrerin

nicht nach Hause gehen. Wenn da mal der Mann ist oder die Kinder oder wenn die anderen aus der Klasse mich sehen, dann denken die, ich wäre auf einmal so ein Streber. Nein, Lehrerin, das wäre eigentlich das letzte, obwohl ich Frau Schwarz mag. Sie ist so'n ganz kleines bißchen wie meine Mama.

11. 8.

Heute hab' ich mich ganz elend gefühlt. Wenn ich aus der Schule komme, koche ich immer für Klaus und mich. Papa wollte das nicht, aber ich hab' gesagt, es mache mir Spaß, und das tut es wirklich.
Aber heute hatte ich Bibi gefragt, ob sie am Nachmittag zum Spielen käme.
»Leider, ich kann nicht«, hat sie gesagt. Ich hab' gefragt, was sie denn mache. Sie wollte es erst nicht sagen, aber ich hab' gebohrt. Und als sie dann gesagt hat: »Ich geh mit meiner Mama einkaufen«, da hat das richtig weh getan. Und deshalb wollte sie auch wohl erst nichts sagen.
Ich bin dann nach Hause gegangen. Da war es leer, niemand da.
Ich hab' einfach losgeheult. Manchmal tut Weinen ja gut, aber heute wurde es immer schlimmer.
»Mama«, hab' ich gerufen. »Mama, komm doch wieder, und werd' wieder gesund. Ich brauch' dich doch, Mama.«
Da schellte es. Klaus. Es war ja auch schon ein Uhr. Und Papa würde auch bald kommen, der kam immer um halb zwei.
Klaus hat natürlich sofort gesehen, daß ich geheult hatte, und da hat er mich erst gestreichelt. Und dann hat er

gesagt: »Du, ich hab' mir das noch einmal überlegt. Es muß *doch* einen lieben Gott geben. Sollen wir beten?«
Und er hat gebetet. Er sagte: »Lieber Gott, segne doch meine Schwester, die Dodo. Ich hab' sie lieb, und der Papa hat sie auch lieb und die Mama auch. Segne sie.«
Und dann hat er die goldene Zauberdose geholt und mir wieder den goldenen Stein gezeigt.
»Am liebsten möchte ich ein Zauberer sein«, hat er gesagt. »Dann würde ich Mama gesund zaubern, und alles wäre gut. Und ich glaube, daß der liebe Gott so ein bißchen auch ein Zauberer ist, weil der ja alles kann.«
Ich finde Klaus ganz lieb. Er ist ja auch traurig und weint manchmal.
Danach war es viel, viel besser.

12. 8.

Papa sagte gestern, jetzt komme Mama bald wieder nach Hause zurück. Und wir müßten eine Hilfe besorgen für den Haushalt.
Wir haben uns gefreut. Klaus machte einen Luftsprung, denn irgendwie war das Haus leer in letzter Zeit.
Papa war da, aber Mama fehlte ihm ja auch. Und dann war da die Angst, die Angst vor der Krankheit.
Manchmal kam auch eine Nachbarin. Die brachte uns etwas zu essen, manchmal einen Kuchen.
Aber am Anfang hatte sie mir einmal über den Kopf gestreichelt und gesagt: »Armes Kind.« Da wurde ich wütend. Und ich knallte die Tür und sagte, ich wäre kein armes Kind, und wir kämen auch ohne ihren blöden Kuchen aus, und überhaupt... Und dann rannte ich in mein Zimmer, und mein Bauch platzte bald vor Wut.
Sie kam erst gar nicht mehr wieder, bis Papa zu ihr

gegangen ist und ihr alles erklärt hat, auch, daß wir dieses Mitleid nicht haben könnten. Sie hat nie wieder gesagt: »Armes Kind.«
Auf jeden Fall: Als Mama zurückgekommen ist, haben Klaus und ich ein buntes Bild gemalt und an die Haustür geklebt.

13. 8.

Ich hatte ganz zu Anfang Papa gefragt: »Was ist denn bei Mama eigentlich operiert worden?«
»Die Brüste«, antwortete er. »Sie haben beide Brüste weggenommen.«
»Wie weggenommen?« fragte ich.
»Sie haben Mama betäubt, sie ist eingeschlafen, und dann haben sie die Brüste abgenommen und alles verbunden, und jetzt ist es verheilt«, sagte Papa.
»Und warum, was war mit der Brust?«
»Es war Krebs«, sagte Papa.
»Und jetzt ist der Krebs weg?«
Papa schüttelte den Kopf.
»Aber die Brüste sind weg«, sagte ich.
Papa nickte. »Darüber ist Mama auch traurig«, sagte er.
Das verstand ich nicht. Ich hatte doch auch keine großen Brüste und war nicht traurig. Und das sagte ich Papa. Aber da lächelte er und sagte, das wäre anders bei Mama, denn Mama sei schließlich eine Frau. Das stimmte. »Aber sie ist meine Mama – ob mit oder ohne Brüste«, sagte ich.
Sie müßte aber noch Bestrahlungen haben, sagte Papa.
»Und was wird da bestrahlt?« hatte ich gefragt.
»Beim Krebs sind Zellen im Körper, die sich ganz, ganz

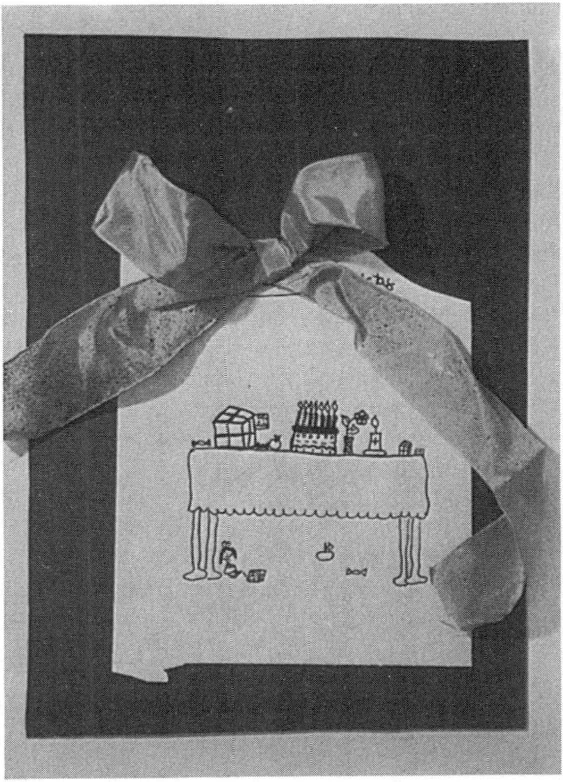

Das Bild war für
Mama

schnell vermehren und die die anderen, gesunden Zellen überwuchern und zerstören. Mit ganz starken Strahlen zerstört man diese Zellen – aber es werden auch andere, gesunde Zellen mit zerstört, und darum wird sie sich sehr schlecht fühlen.«

»Und warum heißt das Krebs?«

Das wußte Papa nicht. Ich hatte mir immer ein großes Tier vorgestellt mit gräßlichen Fangarmen, das sich durch den Körper wühlte und alles zerbiß. Und wenn man das Tier herausnahm, dann war es fort. Aber so war es wohl nicht. Papa erklärte mir, daß der Krebs zwar so gräßlich sei wie dieses Tier, aber er halte sich mit allen Kräften an einem Menschen fest, den er einmal in seinen Fangarmen habe. Und wenn es dann keiner merkte, versteckte er sich vielleicht für einige Zeit, hielt still. Dann aber wütete er wieder los. – Manchmal würde er aber auch verschwinden – und dann war man wieder ganz gesund.

»Und das hoffe ich«, sagte Papa. »Im Augenblick geht es ja gut. – Ich hoffe, daß es so bleibt.«

14. 8.

Das ist das Rezept von dem Kuchen, den ich Mama gebacken habe, als sie aus dem Krankenhaus kam.

Den Zuckerguß hat Klaus gemacht. ...

24. 8.

Mama bekommt Bestrahlungen und dann noch ganz schlimme Medizin – jeden Donnerstag einen Tropf. Da ist es ihr ganz übel. Sie muß freitags immer nur brechen und weinen.

Und sie hat die Haare verloren, einfach so – büschellecker – lecker – lecker – lecker – lecker

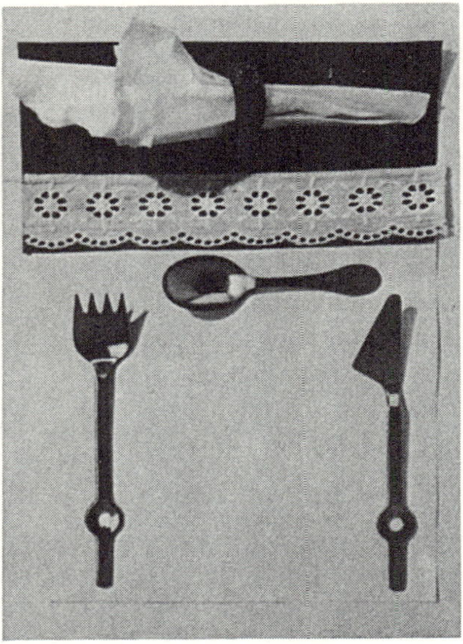

3 Eier, 500 g Mehl
125 g Zucker, 250 g Butter
verkneten, formen
Äpfel darauflegen
backen, Zuckerguß

weise. Sie bekommt eine Perücke, die ist schön, aber es ist nicht richtig Mama, und ihr Gesicht darin ist so klein.

Ob ich ihr zu Weihnachten eine Mütze häkle? Häkeln kann ich ja ganz gut.

25. 8.

Heute habe ich im Keller ein bißchen geräumt, und dabei habe ich Mamas rotes T-Shirt gefunden, das schöne, auf das sie so stolz war. Ich fand Mama auch richtig schön darin. Sonst hat Mama ja fast immer so ganz einfache weiße oder graue oder schwarze Sachen an, und sie sagt, sie fände die einfachen Sachen schöner. Dann sähe man das Gesicht mehr. Aber als sie dieses T-Shirt anhatte, war ihr Gesicht schön.
Ich habe es mit in mein Zimmer genommen. Es riecht nach Mama. Und gestern abend hab' ich's sogar angezogen, nur so für mich. Da hatte ich eine »Haut« von Mama. Auf jeden Fall hab' ich mich so gefühlt, wie ein Stück von Mama, und das bin ich ja wohl.
Und auch, wenn Mama stirbt, bleibt dieses Stück Mama in mir drin. Das stirbt nicht.
Das ist ganz lebendig.
Wie konnte ich das, was da jetzt steht, nur schreiben?
Mama stirbt nicht!
Mama darf nicht sterben!

26. 8.

Bibi ist gestern noch gekommen. Sie fand das T-Shirt auch schön.

Komisch, ich muß jetzt immer häufiger denken, daß Mama stirbt. Woher kommt das? Es ist ja noch gar nicht raus, daß sie stirbt. Es ist so ein Gefühl. Ob ich mal mit Mama drüber spreche? – Oder besser mit Papa?

30. 8.

Gestern war ein toller Tag. Mama hat morgens – es war sonntags – auf einmal gesagt: »Jetzt machen wir alle einen Ausflug!«
Ich bin fast unter die Decke gesprungen vor Freude. Wir haben einen Picknickkorb gepackt mit Kartoffelsalat und Würstchen und Tomaten und Äpfeln und Sprudel. Und sind mit dem Auto hinausgefahren.
Bei einem Wald machten wir Halt. Da war eine große, einsame Lichtung, und die Sonne schien. Wir haben uns Decken hingelegt und nach oben geguckt in den Himmel und die Sonne. Der Himmel war ganz blau, und die Blätter der Bäume über uns sahen aus wie grüne durchsichtige Dächer – und sie wehten im Wind; das Grün wurde heller und dunkler, je nachdem, wie die Blätter standen. Da hab' ich meine Mundharmonika geholt, und wir haben gespielt: Abendlieder und Frühlingslieder, und Mama hat mitgesungen und Papa auch, und Klaus hat gesummt. Er kannte die Texte nämlich nicht.
Klaus hat noch einen Staudamm gebaut, in der Nähe, an einem kleinen Bach. Er schichtete Steine ganz hoch auf, so daß wirklich fast gar kein Wasser durchkam – und ich stopfte die Ritzen alle mit Gras und Moos zu. Das Bachbett war breit, und das Wasser konnte noch lange so gestaut werden. Mir hat das Bauen richtig Jux gemacht.
Wir wollten gerade Bötchen bauen aus Baumrinde. Papa hatte sie gesammelt und uns gezeigt, wie er das als kleiner Junge immer gemacht hat. Er hat sein Taschenmesser herausgezogen und ...
Da kam plötzlich ein Mann und schimpfte laut. Was wir denn hier machten! Und er brauche das Wasser! Und was wir uns eigentlich einbildeten!

Er war ganz aufgeregt und hat mit Händen und Füßen geredet und furchtbar laut geschimpft... Papa hat ihm versprochen, daß wir alles wieder in Ordnung brächten; dann ist der Mann knurrend und brummelnd abgezogen.
»Aber mal ein bißchen plötzlich«, hat er nur noch gesagt. Und als er weg war, mußten wir alle ganz schrecklich lachen.

6. 9.

Heute war schon wieder so ein toller Sonntag. Morgens regnete es draußen in Strömen. So richtig ein Tag, um sich auszuschlafen, um mit Wasserfarben zu malen oder dicke Bücher zu lesen. Ich legte mich noch einmal hin mit meinem Lieblingsgeschichtenbuch.
»Liest du vor?« fragte Klaus.
»Einverstanden, wenn du mir gleich auch vorliest.«
Es war das ›Mädchen mit den Schwefelhölzern‹ von Hans Christian Andersen. Wir haben lange darüber geredet, weil wir es so unfair fanden, daß keiner dem Mädchen etwas abkaufte. Ich wußte von Papa, daß Kinder früher auch arbeiten mußten, sogar in Bergwerken und Fabriken, und gezwungen waren, andere, ganz schlimme Arbeiten zu machen, damit die Familie genug zu essen hatte. Wir konnten uns das gar nicht vorstellen.
»Aber wann gingen die Kinder denn zur Schule?« fragte Klaus.
»Überhaupt nicht«, sagte Papa. »Sie durften einfach nicht, weil halt die Zeit nicht da war. Sie konnten nämlich in der Zeit besser Geld verdienen. Und so konnten sie alle nicht lesen und schreiben und rechnen.«
»Sollen wir noch mehr lesen?« fragte Klaus, denn irgendwie hatte uns das mit den Kindern berührt.

Er lag jetzt auch auf seinem Bett und spielte mit einem kleinen Kissen. Er warf es mir zu, einfach so aus Spaß, und ich warf es zurück. Da nahm er das große. Ich auch. Und dann ging es hin und her oder sogar mit beiden auf einmal. Es machte einen Mordsspaß. Ich baute mir aus meinem Deckbett eine große Mauer, hinter der ich mich verschanzen konnte, und Klaus hatte sich in die Lücke hinter seinem Bett gelegt. Auf einmal ging die Tür auf. Papa kam herein und bekam – »Platsch« – ein Kissen ins Gesicht.

»Was ist denn hier los?« Er war zuerst ganz erschrocken, lachte dann und machte mit. Und als Mama kam, haben wir drei uns hinter den Betten versteckt, und alle auf einmal auf sie mit Kissen geworfen. Das machte einen Mordsjux. Ich habe am besten getroffen, mitten auf den Bauch.

Als wir fertig waren, haben wir uns alle zusammen in Papas und Mamas Betten gelegt und gekuschelt. »Ich mache jetzt Frühstück, und dann frühstücken wir hier im Bett wie die Könige.«

»Au ja!«

Das hatten wir schon ganz lange nicht mehr gemacht. Papa ging, und wir drei blieben liegen. Und wir erzählten wieder Quatschgeschichten wie früher. Einer fing an mit irgend etwas, und jeder mußte einen Satz dazumachen.

»Es war an einem schönen Sonntagmorgen«, begann Mama, »da beschlossen drei wilde Kerle eine Reise zu machen rund um die Welt.«

»Wir ziehen aus, um das Fürchten zu lernen«, sagte der erste. Das war ich, die den nächsten Satz machte.

»Wir bauen uns erst einmal ein ganz großes Schiff«, sagte der dritte – es war Klaus, der tatsächlich anfing, in Papas Bett, das er ja ganz für sich hatte, ein Schiff zu bauen. Er

hißte ein Segel, er legte ein Steuerruder an und rief: »Schiff ahoi!«
Alle stiegen in das Schiff – so erzählten wir drei uns die Geschichte immer abwechselnd weiter –, und natürlich kam sofort ein fürchterlicher Sturm. Das Schiff (also das Bett) schaukelte, und sie konnten sich nur mit Mühe im Inneren des Bootes halten, bis auf einmal, da stürmte es, und das Boot überschlug sich, und alle lagen im Meer.
Und wir lagen tatsächlich alle vorm Bett. Klaus hatte Mama als erste hinausgeschubst. »Und wenn da nicht ein Riese gekommen wäre und sie alle gerettet hätte, dann wären sie noch jetzt im Wasser, aber wahrscheinlich waren sie schon untergegangen.«
Papa zog uns hoch, stellte ein großes Tablett in die Mitte der Betten, und dann krümelten wir mit Brötchen, Knäkkebrot und Keksen die ganzen Betten voll. Aber gut war's.
»Und wie geht's jetzt weiter?« fragte Papa.
»Jeder hat einen Wunsch frei.«
»Hoffentlich geht das gut«, meinte Mama, und sie sagte den ersten: »Heute nachmittag gehen wir einen Freundschaftseisbecher essen!« Das war echt toll, dieser Wunsch. Das hatten wir schon mal gemacht: Da wurde eine richtig große Schüssel mit Eis und Früchten und Sahne serviert und vier lange Löffel. Und dann konnte man Eis essen, bis man satt war oder bis die Schüssel leer war.
»Und ich wünsche mir eine Wanderung«, sagte Papa.
»Wir könnten ja zum Eisessen zu Fuß gehen«, sagte ich, »aber das ist noch nicht mein Wunsch.«
Der war nämlich zu kostbar, und das mußte ich lange überlegen. Einmal hatte ich einen Wunsch frei gehabt, und da hatte ich ihn sofort vertan, und es war vorbei.
»Muß man den Wunsch heute einlösen?« fragte ich.

»Nicht unbedingt«, sagte Mama.
»Dann verwahr ich ihn mir«, sagte ich.
Irgendwie war das ein ganz gutes Gefühl, so einen Wunsch frei zu haben, so ähnlich, als wenn einem die ganze Welt gehörte.

8. 9.

Die Bibi hat einen Freund. Sie ist ganz verliebt, das merke ich. Jetzt bin ich Luft für sie.
Sie ist zwar noch nett zu mir. Wir sind weiter in der Pause zusammen, denn ihr Freund ist in einer anderen Schule und schon sechzehn. Und der weiß unheimlich viel, sagt Bibi. Seitdem lernt sie auch mehr. Sie will nicht nachher wie eine blöde Kuh dastehen. Hat sie gesagt. Aber ich finde, sie muß doch für sich lernen und nicht nur, damit sie für ihren Freund nicht wie eine blöde Kuh dasteht!
Irgendwie find ich das doof.
Ich möchte gern etwas Ähnliches werden wie Mama: Ärztin oder Apothekerin. Vielleicht auch Krankenschwester. Das würde mir sicher Spaß machen.
Aber ich merk' auch, daß ich neidisch bin auf Bibi, weil sie einen Freund hat. Mit dem kann sie reden.
Ich möchte auch gerne einen Freund haben.
Den Christian aus der Zehn, den find' ich ganz gut. Und einmal hab' ich schon gedacht, er hätte mich auch so angeguckt. Aber vielleicht ist das nur Einbildung.
Ob ich den einfach mal anquatsche, einfach so?
Ich finde, auch da sollte eigentlich kein Unterschied zwischen Junge und Mädchen bestehen. Oder? Ich weiß auch nicht so richtig. Vielleicht tu ich's mal.

1.10.

Gestern kam ich aus der Schule und merkte sofort, daß Mama gut aufgelegt war. Und warum? Hurra, sie kann wieder arbeiten. Und auf dem Tisch stand ein ganz großer, wunderschöner Blumenstrauß.

»Woher hast du denn die tollen Blumen?« fragte ich Mama.

»Du, die hab' ich mir selbst geschenkt«, sagte sie. »Als Dr. Beier zu mir sagte, es sähe gut aus und ich könne wieder ein bißchen arbeiten, da hab' ich mich so gefreut, daß ich in ein Blumengeschäft gegangen bin und mir selbst einen Blumenstrauß geschenkt habe.«

Und dabei lachte sie so, daß ich mitlachen mußte. Ich sprang ihr in den Arm, und sie drehte sich mit mir, das Zimmer wirbelte an mir vorbei: die Blumen, der Schrank und der Kaffeetisch.

Ich schaute Mama an. Mama hatte ganz tiefe Lachgrübchen, wenn sie lachte, und große strahlende Augen. Mamas Gesicht.

Ich umarmte sie noch einmal und drückte sie fest. »Meine Mama!«

»Und wann fängst du wieder an zu arbeiten, Mama?«

»In einer Woche – ich versuche es erst einmal mit drei Stunden, und dann werden wir weitersehen.«

Ich atmete tief durch. Denn tief in mir sollte dieses Lachen bleiben und diese warme, helle Luft, die jetzt auf einmal wieder in unserm Zimmer war.

Ich holte meine Seifenblasen und blies dicke, dünne, viele, wenige und ganz bunt schillernde Seifenblasen in das Zimmer, über die Blumen, zu Mama hin und überall. Die Sonne schien herein. Die Seifenblasen schwebten durch die Luft, hielten sich, und irgendwann zerplatzten sie. –

So ist das ja mit allem, aber es kommt immer wieder etwas Neues, an das man vorher gar nicht denkt.

20. 11.

Ich hab jetzt lange nichts mehr in mein Tagebuch geschrieben. Es ist soviel anderes geschehen, das mit Mama und ihrer Krankheit nichts zu tun hat. Vielleicht lasse ich mich auch ablenken von den tausend Sachen, die jeden Tag passieren.
Aber ablenken – wovon?
Von dem, was wichtig ist.
Und was ist wichtig?
Wichtig, daß Mama da ist.
Wichtig ist, daß wir morgens zusammen Kaffee trinken.
Ist das wirklich so?

21. 11.

Ich hab noch lange darüber nachgedacht.
Wichtig sind eigentlich die ganz kleinen Sachen, die sonst immer einfach da waren,
z. B., daß es Mama gut geht,
daß sie lacht,
daß sie da ist.
Das Feuer im Kamin ist auch manchmal wichtig.
Oder, wenn wir eine Kerze anmachen morgens beim Frühstück –
und daß ich sagen kann, was ich doof finde und was schön.
Das ganz Kleine ist wirklich wichtig.

22. 11.

Ob ich den Christian morgen mal anspreche?
Ich mag es nicht tun, weil ich nicht weiß, ob er mich mag.

1. Adventssonntag

Mama wollte von uns Wunschzettel haben, zu Weihnachten.
Am liebsten möchte ich einfach draufschreiben: Ich wünsche mir, daß Mama wieder ganz gesund wird.
Aber ich weiß ja, daß das nicht geht.
Da hab' ich draufgeschrieben:
ein Tagebuch (mein altes ist schon halb voll)
und vielleicht Briefpapier
und eine schwarze Jeans.
Oder:
eine große Blume für mein Zimmer
und ein Buch.
(Mama kann gut Bücher aussuchen. Sie kennt sich da irgendwie aus.)
Und dann hab' ich eigentlich nichts mehr gewußt. Früher war das ganz anders, im vorigen Jahr noch. Da hatte ich eine riesenlange Liste. Aber ich merke, daß mich viele Sachen gar nicht mehr interessieren. Irgendwie bin ich anders geworden.
Ich denke jetzt viel mehr an das, was wichtig ist, wirklich wichtig.
Daß Mama gesund wäre, das ist wichtig.
Und daß ich Tagebuch schreiben kann, ist wichtig.
Das ist so ähnlich wie ein Freund.
Da ist nur ein Unterschied.

Man kann im Tagebuch mehr erzählen als einem Freund. Aber das Tagebuch kann einen natürlich nicht liebhaben. Das ist klar. Und das würde ich mir halt bei einem Freund wünschen – oder so ähnlich.
Vielleicht könnte ich mir ja auch das rote T-Shirt von Mama wünschen. Mama hat noch nicht gemerkt, daß ich es in meinem Zimmer habe. Ich nehm's manchmal mit ins Bett, wenn ich Mama brauche, ihren Geruch – auch etwas zum Schmusen.

P. S.
Ich habe gesehen, daß Klaus sich ein Tagebuch gewünscht hat. Er hat gesehen, wie ich reingeschrieben habe, und da hat er gesagt, daß er ebenfalls gern so ein Buch hätte, das er abschließen und in das er all seine Geheimnisse hineinschreiben kann.
Und auch Bilder – und Träume, hat er gesagt.
Und dann hat er mir einen Traum erzählt.
»Wir beide sind zusammen gelaufen, ganz weit, ganz weit. Und Mama war auch dabei. Durch Wiesen, Wälder und Städte. Und erst kamen wir am Mond vorbei. Der hat komisch geguckt, als er uns gesehen hat. Und dann sind wir weiter gelaufen und immer weiter, und manchmal hast du meine Hand genommen und manchmal ich deine.
Und dann sind wir durch Länder gekommen, die waren fast schwarz und grau, und ein eisiger Wind wehte. Und wir duckten uns und sind ganz schnell gerannt. Wir konnten auch nichts mehr sehen. Wir waren blind. Aber auf einmal, da kam ein Land, das war ganz bunt und voller Blumen. Und du hast mir Geschichten erzählt, und wir konnten wieder sehen. Wir haben uns bei der Hand genommen und sind weitergelaufen bis zu dem Land hinter der Sonne.

Doch wir mußten bald wieder von dort fortgehen. Von Mama weg. Wir haben gewinkt, und Mama hat auch gewinkt. Ganz lange. Sie blieb da. Du hast dich umgedreht und bist fortgelaufen – bis du ein kleiner Punkt warst.
Ich bin auch gelaufen, bis wir wieder zurück waren. Aber oft habe ich an unsere Wanderung gedacht und an das Land hinter der Sonne. Und wir hatten nun goldene Haare. Das einzige, was wir behielten von unserer Wanderung, das waren die goldenen Haare.«

»Die haben nur die, die viel gesehen haben, die im Land hinter der Sonne waren«, sagte ich und strich Klaus über die Haare, meinem kleinen Bruder, meinem tapferen Bruder.

Christian ist nach der Schule mit mir zur Bahn gegangen. Als er aussteigen mußte, hatte ich das Gefühl, als wolle er etwas sagen – und hat's dann doch nicht getan.

2. 12.

Gestern war Bibi bei uns.
War schön.
Quatsch haben wir gemacht wie früher.
Wär schon schön, wenn das wieder so werden könnte, wie es mal war.
Auch mit Bibi. Aber Bibi ist irgendwie zickig geworden. Die ist unheimlich blöd zu Klaus – das war anders als sonst.
Oder war sie immer schon so, und ich hab' das nur nicht gemerkt?
Bibi hat mich heute mit Christian gesehen, aber nichts

gesagt. – Christian ist ja auch nur neben mir zu Bahn gegangen. Gesprochen haben wir nicht viel.

3.12.

Es ist Winter geworden und kahl, und es schneit. Advent.

Ich hab diese dunkle Zeit gern. Irgendwie.

Klaus und ich waren in der Stadt. Das machen wir immer so vor Weihnachten.

»Was schenken wir Mama?«

Klaus strahlte. Er hatte schon eine Idee. »Wir schenken ihr ein Foto von uns für den Fall, daß sie mal wieder ins Krankenhaus muß.«

Wir gingen also im Kaufhaus zu einem Stand mit Pixifotos. »Wir wollten gerne Fotos haben von uns«, sagte ich. »Aber witzige«, fügte Klaus hinzu.

Die Dame setzte uns auf einen Stuhl. Klaus fing an, Grimassen zu ziehen. Ich sagte: »Laß das doch.«

Die Dame meinte: »Du siehst doch anders viel schöner aus.«

Klaus zog weiter Grimassen. »Mama soll doch Spaß haben«, sagte er. »Unsere Mama war nämlich krank, sehr krank – und sie soll lachen.«

Darauf gab sich die Dame richtig Mühe, sehr viel Mühe, und sie machte unendlich viele Fotos von uns – von unten und oben, von hinten und von vorne –, so kam es uns vor. Als wir fertig waren, schenkte sie uns sogar die Fotos, die nicht so gut waren.

Das war das einzige Mal, daß ich Mitleid ertragen konnte, stellte ich fest. Sie schenkte uns noch einen kleinen Bilderrahmen.

»Was hat eure Mutter denn gehabt?« fragte sie.

»Krebs«, sagte Klaus. »Aber sie ist jetzt wohl wieder gesund. Und sie hat eine Glatze.«
Mir war das peinlich. Wir sind ganz schnell von dem Fotostand weggegangen mit unseren Fotos.
»Und sie ist jetzt wohl wieder gesund«, hatte Klaus gesagt.
»Gesund«, sagte ich, »gesund«, und dabei fing ich an zu hüpfen und hüpfte Klaus weg, so toll war das!

5. 12.

Heute hab' ich Christian wiedergesehen. Ich glaube, er hat mir zugelächelt. So richtig erkennen konnte ich es nicht, weil ich weggeguckt hab'. Der soll ja nicht alles merken – oder? Eigentlich wollte ich ihn ansprechen – ihn einladen, zum Tee oder so.
Aber ich hab's dann doch nicht getan.

9. 12.

Heute habe ich Christian angequatscht. Mein Herz hat geklopft bis zum Hals.
Ich hab' einfach am Tor auf ihn gewartet, und dann hab' ich gefragt, ob wir wieder zusammen fahren sollen.
»Ja, gerne«, sagte er. Ich hab' dann noch gemeint, daß ich's blöd finde, wenn einer auf dem rechten Bürgersteig geht und einer auf dem linken.
Christian geht meist allein bis zum Bus, so wie ich. Er muß ungefähr in derselben Gegend wohnen wie ich.
Er steigt immer eine Haltestelle eher aus.
Irgendwann steig' ich vielleicht mit ihm aus. Ich könnte ja einfach sagen, ich wolle da noch eine Freundin besuchen oder so. Ich kann ja mal gucken, wo er wohnt.

Dann kann man sich den anderen schon besser vorstellen, wenn man weiß, wo er wohnt und so.
Christian ist irgendwie nett. Auch schön groß. Schöne Augen hat er. So richtig hingucken mochte ich noch nicht, denn dann meint er nachher noch, ich sei in ihn verknallt, und ich muß ja erst mal sehen.
Warum sind die Menschen eigentlich so kompliziert?
Warum kann ich einem anderen nicht einfach sagen: Ich mag dich, ich möchte dich kennenlernen.
Ich verstehe das nicht. Aber ich mach's ja ganz genauso. Ein bißchen aus Angst.
Aber auch so 'n bißchen aus Aufregung. Da im Bauch kribbelt's dann und rumort.
Ich glaub', ich bin verliebt.
Und das kann ich ja nicht einfach so sagen. Ich meine es ja auch nur. Aber ich sag's ihm mal; und gestern hab ich's wieder nicht getan.

Nach Weihnachten

Weihnachten war schön.
Mama und Papa haben mir ein neues Tagebuch geschenkt und ein Gedichtbuch. Da hat Mama ihre Lieblingsgedichte angestrichen.
Mama – sie hat uns auch vorgelesen.

Wir hatten viel Besuch in dieser Zeit. Da bin ich nicht zum Schreiben gekommen.
Jetzt, wo es Mama besser geht, kommen die Leute wieder. Komisch.
Aber keiner fragt nach ihrem Krebs.
Ich denke oft daran.
Ob er jetzt weg ist?
Fast glaub' ich's.

28. 12.

Ich habe viel gemalt und mir Gedichte abgeschrieben.

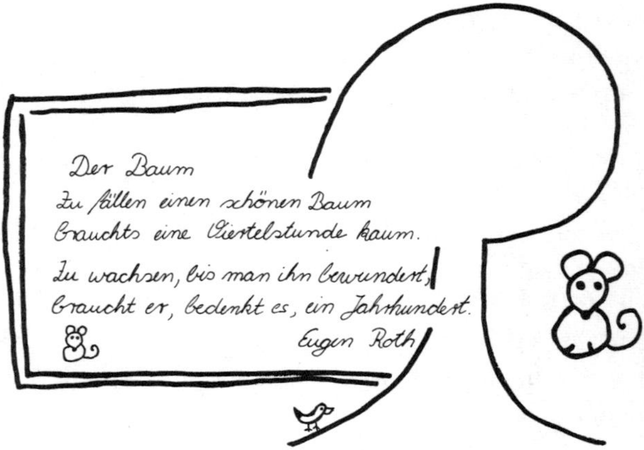

30. 12.

Bibi hat gestern angerufen und von ihrem Freund erzählt: »Und Ralf meint das auch – und das meint Ralf nicht…«
Sie redete nur noch von Ralf und davon, was der meinte. Hat sie keine eigene Meinung mehr?
Sie ist nicht mehr so, wie sie früher war. Sie kann doch nicht auf einmal dem Ralf so nach dem Mund reden. Das darf man doch nicht. Ich bin wütend auf Bibi. Wie kann man nur so ätzend doof sein?

Wind, Wind wehe
und ich stehe:
Regenstiefel, Regenschirm,
Regentropfen auf der Stirn
Regen, Regen, Zauberspaß.
Eins, zwei, drei und wir sind naß.

Mein Lieblingsgedicht

Ich habe gebetet. So nimm von der Sonne und geh.
Die Bäume werden belaubt sein.
Ich habe den Blüten gesagt, sie mögen Dich schmücken.

Kommst Du zum Strom, da wartet ein Fährmann.
Zur Nacht läutet sein Herz übers Wasser.
Sein Boot hat goldene Planken, das trägt Dich.

Die Ufer werden bewohnt sein.
Ich habe den Menschen gesagt, sie mögen
Dich lieben.
Es wird Dir einer begegnen, der hat mich
gehört.

Günter Bruno Fuchs

Lieber Vogel, fall nicht runter,
denn sonst bin ich nicht mehr munter.
(das ist von mir)

Ich will noch viele Wege gehn.
Ich will noch viele Dinge sehn.

Ich bin unterwegs
und bin doch hier.

Ich lauf da und dort
und bin doch bei mir.

„Warum?" fragst Du mich?
Ganz klar: Ich bin ich...

Januar

Gestern war ein schlimmer Tag. Mama war wieder zu einer Untersuchung gefahren. Sie kam traurig zurück. »Es steht ganz schlecht«, sagte sie. Sie strich mir über die Haare, zog mich an sich. Ich hörte ihr Herz klopfen – ich höre es fast heute noch. Es klopfte und pochte so, als wolle es rufen: »Mama ist krank, Mama ist krank«, ganz aufgeregt erst und dann langsam und ruhig, bis es jeder begriffen hatte: »Mama ist krank.«

Als Papa zurückkam, haben die beiden lange für sich gesessen und geredet. »Der Krebs ist jetzt überall in meinem Körper«, hörte ich Mama sagen. Und Papa drückte sie an sich. Die beiden hatten sich ganz lieb. Das spürte ich.

»Ich glaube, ich muß es jetzt einfach so hinnehmen«, sagte Mama. Papa sagte etwas. Ich habe es nicht verstanden. Ich weiß nur, daß in mir etwas zusammenbrach. Daß eine große, schwarze Angst da war, daß ich wollte, daß Mama noch lange lebt, daß ich sie noch so viel fragen wollte, daß ich wollte, daß sie da wäre, einfach da wäre. Und ich habe mich in mein Bett gelegt und geweint und geweint. Ganz für mich und ganz allein – und geweint.

Und auf einmal habe ich eine Hand gespürt, die hat mich gestreichelt. Und die Hand hat mich hochgezogen und hinübergetragen in Papas und Mamas Bett, und ich habe zwischen ihnen gelegen. Und als ich nicht mehr geweint habe, fragte ich: »Mama, mußt du sterben?«

Und da hat sie genickt, das hab' ich sogar im Dunkeln gesehen.

»Aber jetzt sind wir noch zusammen«, hat Papa gesagt.

»Jetzt«, jetzt – und ich hab' mich an sie gekuschelt und wohlgefühlt.

28. 1.

Etwas hat sich verändert, jetzt plötzlich.
Wenn ich in der Schule bin, denk' ich an Mama. Ich höre gar nicht richtig, was die Lehrerin dort sagt. Immer wieder bin ich in Gedanken bei Mama.
Will ich Vokabeln lernen oder Matheaufgaben machen, bin ich plötzlich bei Mama. Ich kneife mir in den Arm, damit ich wieder zurückkomme. Ich merke immer wieder, daß es nicht klappt. Und so rasselt ein Vierer und Fünfer nach dem anderen – und das ist ein neuer Kummer, über den ich aber mit keinem sprechen will –, früher war ich nämlich viel besser.
Überhaupt merke ich, daß ich in der letzten Zeit Papa und Klaus fast gar nicht wahrgenommen habe – alles ist auf Mama gerichtet. Auch ich. Und ich glaube, Klaus und Papa geht es genauso. Jeder hat eine Mauer um sich und ist darin eingeschlossen.
Manchmal will ich eine Hand hinüberreichen zu Papa oder zu Klaus. Aber meine Arme sind zu kurz, oder die Mauer ist zu hoch. Ich ducke mich, mache mich klein und bleibe für mich hinter der Mauer.

Wofür braucht man eigentlich einen anderen Menschen?
Zum Erzählen?
Nein, noch mehr –
Zum Zuhören?
Zum Liebhaben?
Zum Geschichtenerzählen?
Zum Stillsein auch,
zum Schweigen?
Aber es ist noch mehr.
Ich weiß es nicht.

1. 2.

Die Zeit kommt mir vor wie eine kleine Ewigkeit. Sie zieht sich lang hin wie ein Gummiband, das man ziehen und ziehen kann, oder auch wie wenn man Zahnschmerzen hat in der Nacht, und es wird und wird nicht hell, und man wartet allein und will die anderen nicht wekken.

3. 2.

Gestern habe ich angefangen, Bibi von Mama zu erzählen, aber dann auf einmal konnte ich es nicht mehr. Ich war so traurig, daß ich fast nicht mehr reden konnte – und dann mochte Bibi, glaube ich, auch nicht mehr mit mir sprechen darüber. – Alle machen einen Bogen um mich.
Ob sie Angst haben – vor dem Krebs?
Oder vor meiner kranken Mama?

5. 2.

Ich bin ganz traurig.
Ich mag nicht sprechen;
nur mich verkriechen.

8. 2.

Da drinnen –
da bin ich ganz Dodo.
Und doch ist von Mama soviel in mir drin.
Viele Bilder – viele Worte.

Wie sie mich mal über die Straße gebracht hat, wie sie mich gestreichelt hat, als ich das Knie ganz aufgeschlagen hatte – und ihre Abendlieder.
Es ist wie ein Schatzkästchen in mir drin –
und wenn ich so für mich allein sitze –
dann kram' ich drin,
es macht Spaß,
und es macht traurig.
Beides.
Aber manchmal ist es auch ein schwarzes Loch.

10. 2.

Diesen Satz habe ich in einem Kalender gefunden: Warum sind die Menschen eigentlich so wenig vorbereitet auf das Schlimme?

Gestern wieder das schwarze Loch!
Ich kann auch nicht mehr schreiben.
Auch da drinnen bei der Dodo –
kann ich nicht mehr sein. –

12. 2.

Heute hat Frau Schwarz (meine Lehrerin) mich mit dem Auto nach Hause gebracht. Wir haben noch im Auto gesessen, und sie hat mir nur gesagt, ich könne zu ihr kommen, wann ich wolle. Sie könne verstehen, daß ich jetzt nicht ganz da wäre. Und da hätte ich fast geweint, aber das wollte ich nicht.
Doch als ich dann angefangen habe zu weinen, auch zu Hause, da wurde es besser.
Man ist viel trauriger, wenn man nicht weint, weil ohne

Meine Bilder

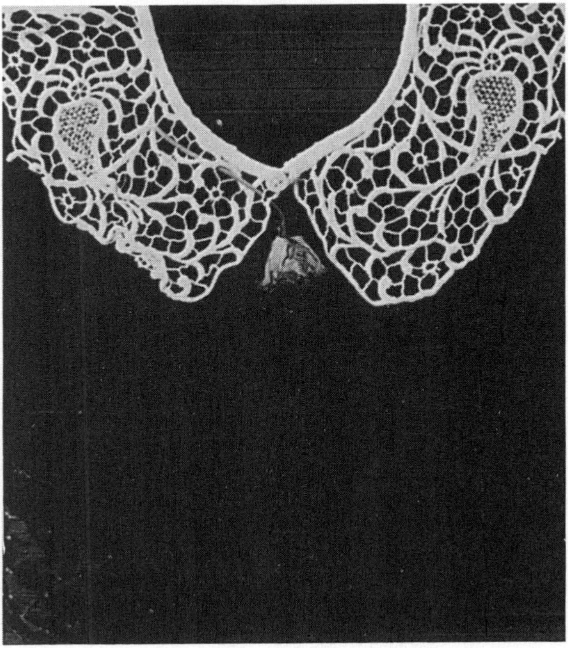

Mein schönstes Gedicht?
Ich schrieb es nicht.
Aus tiefsten Tiefen stieg es.
Ich schwieg es.

Mascha Kaléko

Manchmal überklebe ich Gesichter mit Farbe oder Papier oder Pelzen...
Dann sehen sie ganz anders aus.

Du bist da
und ich bin hier.
Warum kommst
Du nicht zu

mir?

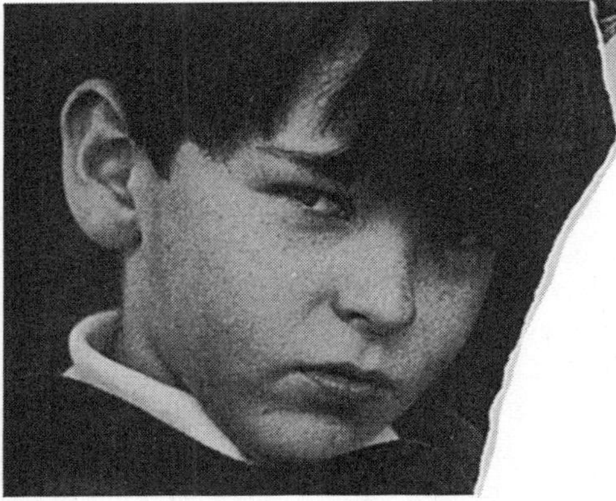

Dodo
und
Klaus

Weinen die Traurigkeit wie ein schwarzes Loch ist, in das man fällt.
Und wenn man weint, dann bildet sich ein kleiner See, und darin kann man schwimmen, vielleicht irgendwann sich frei-schwimmen.
So ähnlich ist es auf jeden Fall. So war es bei mir – jetzt.

20. 2.

Morgen die Bioarbeit. Ich habe Angst davor. Ich hab' ja auch nicht gelernt. Warum weiß ich auch nicht. Aber es macht mir keinen Spaß, über Blattläuse und Spinnmilben und Humusanteile im Boden und über Borkenkäfer nachzudenken, wenn Mama da liegt und ich viel lieber eine Geschichte von ihr hören möchte.
Oder auch einfach bei ihr sitzen und malen möchte, das hab' ich in letzter Zeit häufig gemacht.
Wenn Mama daneben im Bett liegt, fühl' ich mich wohl, nicht mehr so allein.
Mit Mama ist es besser.

27. 2.

Mama hatte jetzt häufiger Schmerzen. Der Arzt kam zweimal täglich und versorgte sie mit Medikamenten und Schmerzmitteln. Dadurch ging es immer noch recht gut.
Klaus und ich haben ihr schon oft Lieder vorgesungen – und das tat ihr gut. Am liebsten hört sie:

»Weißt du, wieviel Sternlein stehen
an dem blauen Himmelszelt?
Weißt du, wieviel Wolken gehen
weit hinüber alle Welt?
Gott, der Herr, hat sie gezählet,
daß ihm auch nicht eines fehlet
an der großen, großen Zahl;
an der großen, großen Zahl.

Weißt du, wieviel Mücken spielen
in der heißen Sommerglut,
wieviel Fischlein auch sich kühlen
in der hellen Wasserflut?
Gott, der Herr, rief sie mit Namen,
daß sie all ins Leben kamen,
daß sie nun so fröhlich sind.

Die dritte Strophe haben wir immer weggelassen. »... daß sie ohne Sorg und Mühe fröhlich sind im Tageslauf«, das kann ich nicht singen – und Klaus auch nicht. Mama hat auch nie gesagt, wir sollten es singen. Wenn wir die beiden Strophen durchgesungen hatten, beginnen wir von vorne. Und manchmal habe ich ihr auch vorgelesen. ›Das war der Hirbel‹ von Peter Härtling. Das ist schon lange mein Lieblingsbuch, und ich hab' immer wieder die Stelle gelesen, wo der Hirbel dem Karolus seinen Traum erzählt: »Ich bin vom Heim weg. Ich hab' mir Brot mitgenommen. Daß ich nicht verhungere. Ich will weit weg. Ich will zu dem Land, wo die Sonne gemacht wird. Da wird sie immer an den Himmel gesteckt. Wenn's hell wird. Ich möcht sehen, wer das macht. Das sind viele Leute. Weil die Sonne schwer ist. Die muß man hochheben. Ob man sich die Finger verbrennt dran, sag? Aber die Sonne geht immer höher. Die Leute schmeißen sie in den Himmel. Sie ist weich und hell.«

Und den Schluß, wo der Hirbel dann wegläuft:
»Er setzte sich an den Waldrand und schaute zu den Häusern hinüber. Eigentlich mochte er Häuser, Wohnungen und Zimmer. Er war gern irgendwo zu Hause und fragte sich, warum die Erwachsenen das nicht zuließen. Aber die sagten immer zu ihm, er sei bös, dumm und gefährlich. Hirbel fand, daß er das alles nicht sei.«
Mama hat gesagt, ich sollte doch nicht immer so etwas Trauriges lesen.
Und da habe ich Mama erzählt: »Das ist *schön* traurig, denn manchmal kann etwas so traurig sein, daß es vor lauter Traurigkeit schon wieder schön wird – so wie ein schwarzer Wald oder ein schwarzer Berg.«
Da hat Mama nichts mehr gesagt. Sie hat mich gestreichelt, wenn ich in meinem Hirbelbuch gelesen habe, aber meistens hat sie mich nur angeschaut und mich gelassen.

1.3.

»Mama, warum mußt du eigentlich sterben?« hat Klaus gestern gefragt, und ich war dabei; ich hatte gerade Mama eine Geschichte vorgelesen.
Mama überlegte. »Ich weiß auch nicht, warum. Das weiß – glaube ich – niemand.«
»Warum denn gerade du?« fragte Klaus noch einmal. »Gestern auf der Straße habe ich eine ganz, ganz alte Frau gesehen. Warum stirbt die nicht, warum du?«
»Weil ich krank bin, Klaus.«
»Und warum bist du krank?«
»Das wissen wir nicht, das weiß keiner.«
»Kann das an mir liegen?« fragte Klaus.
»Nein, nein«, sagte Mama. »Das liegt doch nicht an dir.

Keiner weiß es, woher und warum der eine krank wird... Es liegt ganz sicher nicht an dir.«
Mama schwieg. Ich weiß nicht, ob sie überlegte oder ob sie einfach traurig war. Klaus hatte seine Buntstifte mitgebracht und wollte sich zu Mama an den Tisch setzen und malen.
Er nahm einen schwarzen Stift und malte einen ganz hohen Berg, und obendrauf stand eine Frau mit einem weiten, violetten Kleid und schwarzen Haaren wie Mama. Er malte noch eine Sonne und ganz hinten ein kleines Haus.
»Wir bleiben in dem Haus, Papa, Dodo und ich«, erklärte er, »und du bist auf dem Berg.«
»Und oben links in der Ecke der dunkelrote Luftballon – das bist du auch, Mama, weil du gerade wegfliegst.«

3.3.

»Du, Mama, hast du eigentlich schon mal jemanden sterben sehen?«
Mama überlegte. »Ich glaube einmal – meine Großmutter. Da war ich aber noch ganz klein.«
»Erzählst du mal, Mama?«
»Ich weiß das gar nicht mehr alles, aber ich erinnere mich, daß wir alle um die Großmutter herumgestanden haben – es war im Krankenhaus – und eine Schwester betete. Und dann schaute meine Oma noch einmal auf – und schloß die Augen, sie war tot. Und ich wartete und wartete...«
»Und worauf?«
»Darauf, daß die Seele herausflutschte. Unser Lehrer hatte uns nämlich erzählt, daß beim Sterben die Seele aus

dem Körper ginge. Ich dachte, die muß doch auf einmal so kommen – und danach ist der Körper dann leer.«
»Und – kam sie?«
»Nein – auf jeden Fall hab' ich nichts gesehen. Und ich dachte erst, meine Großmutter wäre gar nicht richtig tot. Aber sie war es. Und ich habe meine Mama gefragt: ›Du, wo ist denn jetzt die Seele?‹ Und meine Mama sagte: ›Die ist jetzt bei Gott.‹«
»Und was denkst du heute, Mama?«
»Ich denke schon, daß der Tod nicht einfach ein Schluß sein kann. Ich denke, daß es weitergeht, aber das ist ein Geheimnis. Wir wissen nicht, wie es ist. ›Worüber man nichts sagen kann, darüber muß man schweigen‹, hat ein Philosoph gesagt.«
»Und was ist ein Philo-soph, Mama?«
»Einer, der über die Welt nachdenkt und über das, was dahinter noch verborgen sein mag.«
»So, wie wir jetzt«, sagte ich.
»Ja«, sagte Mama, »so, wie wir jetzt.«

6. 3.

Heute mittag kam ich nach Hause – da war ein Milchsee in der Küche, und die Kellertür stand offen. Ich rief nach unten: »Mama, bist du da?« Keiner antwortete – dann Schritte auf der Treppe, und Mama kam herauf und schimpfte vor sich hin: »Alles hab' ich verkehrt gemacht, alles, alles! Warum bloß, warum bloß die Kinder, den Beruf halb aufgeben, alles? Warum, warum?«
Sie blieb auf der Treppe stehen und schluchzte. Dann, auf einmal, trommelte sie mit den Fäusten an die Wand und rief: »Warum, warum?«
Ich wollte mich verkriechen. Ich hatte Angst. Aber da

kam sie schon. Als sie mich sah, erschrak sie. Ich wußte nicht richtig, was ich machen sollte – in mein Zimmer gehen – oder sollte ich etwas sagen?
»Du, Mama«, sagte ich, »tut es dir leid, daß du uns bekommen hast?«
Sie schüttelte den Kopf und nickte, beides fast gleichzeitig. »Wenn ich ehrlich bin: Ja und nein. – Denn irgendwie war es mir manchmal auch viel mit euch – dann wieder find ich's ganz toll. Und dann denke ich jetzt oft daran, daß ich euch jetzt hier so lasse mit Papa. Warum? Warum das alles?«
Sie setzte sich und sagte jetzt ganz ruhig: »Ich hatte mir vorgestellt, daß ich euch heranwachsen sähe, daß, wenn ich wirklich mal ganz krank würde, ich euch allein lassen könnte. Und das kann ich eben nicht. Ihr seid noch so jung, Papa und ihr, ihr seid dann allein... Und das kann ich einfach nicht so akzeptieren.«
Mama weinte.
Ich habe schnell die Milch aufgewischt, und keiner hat mehr ein Wort gesagt. Ich konnte doch auch nicht zu Mama sagen: »Es ist schon alles gut so, wir machen das schon.« Ich hatte Angst, Angst wie sie, und wenn ich auch manchmal dachte, daß wir es schaffen könnten, so blieb doch diese Angst, daß Mama nicht mehr da wäre, daß Mama uns fehlte.
Ich biß mir auf die Lippen. Ich wollte jetzt nicht auch noch weinen. Aber dann weinte ich doch, ganz einfach mit Mama mit – und konnte plötzlich auch ihre Wut gut verstehen – und ihre Verzweiflung. Mama hat dann ihren Arm um mich gelegt, und wir haben lange so dagesessen.

7. 3.

Ich war traurig. Ich habe mit den Fäusten auf mein Bett getrommelt, bis die Wut und die Trauer weg waren.
Jetzt geht es mir besser.

8. 3.

Ich hab' mir das noch einmal überlegt mit Gott und Tod und Sterben. Ich kann mir einfach nicht vorstellen, daß mit unserm Tod alles zu Ende ist. Es geht irgendwie weiter, es gibt da etwas, wie das, was in uns drin ist: Träume, Bilder, Gedanken, Traurigkeiten und schöne Erinnerungen.
Auch Worte.
Lieder.
Was fühlt sich denn in mir wohl, wenn ich mich pudelwohl fühle – oder auch traurig?
Keiner kann es mir sagen, und doch ist es so.
Ich bin ich, und doch bin ich mehr.
Leben ist Leben, und doch ist es mehr.
Das fühle ich.

10. 3.

Mama lag eben weinend im Bett. Ich hab' sie gedrückt, und dann hat sie gesagt, daß sie so traurig wäre und so schlapp.
»Ich bin auch traurig«, habe ich Mama gesagt.
Und dann waren wir zusammen traurig.
Wir haben geweint.
Jetzt ist wieder ein Stück von Mama in mir drin, ein Stück Leben, das immer bei mir sein wird.

Ich glaube, das ist schon ein Stück von dem, was viele das Leben nach dem Tod nennen. Dieses Weiterleben in dem anderen.

Ich habe danach ein Gedicht geschrieben:

„Meine Mama
ist in meinem Lachen
und in meinen Liedern,
sie ist in meiner Stimme
und in meinen Worten.
Meine Mama kann ich
in mir sehen,
wann ich will.
Meine Mama kann ich
in mir fühlen,
wann ich will.
In meinem Herzen.
Auch wenn sie schon tot ist,
dann auch.
Denn meine Mama lebt weiter,
in mir."

14.3.

Gestern war ich im Kino. In einem richtigen Ballerfilm. Ich wollte einfach etwas anderes.
Als ich zurückkam, spielte Klaus allein Mensch-ärgere-dich-nicht. Da hab' ich mich ein bißchen geschämt. Ich finde Klaus ganz schön tapfer. – Aber oft spielt er mit seinem besten Freund, und da hab' ich gehört, wie der ihn fragte: »Stirbt deine Mama?«
»Ja«, hat Klaus gesagt.
»Ich bleibe aber dein Freund«, hat Peer gesagt, »dein bester Freund.«
»Weiß ich ja«, sagte Klaus, und dann haben die beiden einfach weitergespielt.

15.3.

Papa wird öfter richtig quisselig. »Quisselig« ist so ein Familienausdruck von uns und bedeutet soviel wie komisch, quengelig ...
Z. B. das mit der Zahnpastatube. Zahnpastatuben, das weiß ich, sind Thema in fast allen Familien. (Ich stehe auf dem Standpunkt, daß dem Erfinder des Zahnpastaspenders sofort und auf der Stelle der Hosenbandorden* hätte verliehen werden müssen! Und die Zahnpastatuben hätte man per Gesetz verbieten müssen, damit endlich die Familienquerelen aufhörten; aber was tut der Staat? ... Ich merke, ich komme vom Thema ab.)
Also die Tuben mit Zahnpasta. Papa behauptet, wenn er eine Tube von uns findet, die einfach im Freistil mal hier und mal da gedrückt ist, das sei Verschwendung. Man

* Der höchste englische Orden (wird als Samtband unterhalb des linken Knies getragen).

müsse eine Tube sorgfältig von hinten aufrollen. Dabei denke ich, daß bei seiner Methode des Strammaufrollens die Zahnpasta nachher mit solcher Wucht herauskommt, daß das Ganze entweder eine totale Verschwendung ist – es sei denn, ich esse die Zahnpasta löffelweise am Morgen – oder aber: es gibt eine Familiensparwurst. Aber dann muß natürlich die ganze Familie auf einmal zum Zähneputzen antreten, und das wiederum ist bei uns aus organisatorischen Gründen völlig unmöglich. – Aber warum kauft man keinen Zahnpastaspender? – Und damit bin ich beim nächsten Thema von Papas Quisseligkeit: dem Thema Sparsamkeit. Zahnpastaspender sind zu teuer. Und Haarfestiger für meine Haare ist zu teuer, und Gel ist zu teuer. – Sonst hat Mama das immer gemacht. Wir führen ein Haushaltsbuch, und Mama hat zu Papa gesagt: »An den Stellen, wo es für dich, Papa, nicht so gut ist, in jede Einzelheit eingeweiht zu werden, schreibe ich einfach ›Petersilie‹.« Wir hatten manchmal im Monat für zweihundert Mark Petersilie.

Aber das ist jetzt vorbei.

Mamas Krankheit hat uns ganz vom Alltag abgebracht. Und Papa ist quisselig. Und manchmal geht mir das so auf den Geist, daß ich dadurch noch einmal um fünf Längen trauriger werde...

16.3.

»Pferde kommen nicht in die Spülmaschine«, sagte Papa ganz entschieden. Nicht, daß wir da ein großes Reitpferd in der Küche gehabt hätten oder auch nur ein kleines Pony. Nichts dergleichen. Klaus hatte mit seinem kleinen Playmobilpferd im Sandkasten gespielt, und da war Sand in die Gelenke gekommen. Wir hatten uns überlegt, daß, wenn er es in die Spülmaschine täte, der Sand vielleicht mit ausgespült würde...

Aber Papa machte Zirkus. Ich war stocksauer. Dieser Doofmann, dachte ich. So ein kleines Pferd. Aber Papa blieb hart: »Pferde kommen nicht in die Spülmaschine, und Ordnung ist Ordnung.«

Ich schaute ihn an. Da stand er mit seinem Trockentuch und half mir, die Küche aufzuräumen. Auf den Mond hätte er fliegen sollen mit seiner Mithelferei und seinen tollen Sprüchen. Was mischte er sich immer ein, wenn Klaus und ich was wollten – und dann nur so'n kleines Playmobilpferd.

»Ihr müßt das doch verstehen...«, sagte er. Da hab' ich mein Tuch genommen, es in das Becken geknallt, bin hinaus.

»Bum«, war die Tür zu, und ich hab' ihn allein seine Sprüche aufsagen lassen. »So ein Doofmann«, sagte ich noch laut vor mich hin. Ich ging dann erst aufs Klo, da war ich in Sicherheit. Ungefähr nach einer Viertelstunde hab' ich mich wieder herausgewagt, hab' erst vorsichtig geguckt, ob noch einer in der Küche war, und als ich dann merkte, daß die Luft rein war, hab' ich in die Spülmaschine geguckt.

Also doch: das Pferd war in der Spülmaschine.

Da kam Papa. Natürlich rein zufällig. »Ich hab mir das überlegt, das ist ja nicht so wichtig. Und Mama hat auch gesagt, sie hätte die Playmobilsachen häufig mitgespült. Also, warum nicht.«

»Ja, warum nicht«, sagte ich. Mit Mama hätte es nie solche Kämpfe gegeben.

17.3.

Endlich!
Ich bin mit Christian ausgestiegen. Habe das so gesagt: daß ich eine Freundin besuchen wolle. Erst sind wir nebeneinander hergegangen und haben nichts gesagt.
Bis ich gesagt habe: »Schöne Gegend hier!« Blödes Gequatsche eigentlich.
»Ja, geht so«, hat er gemurmelt, »wo wohnst du denn?«
Ich hab's ihm erklärt. Und dann plötzlich hat er gesagt: »Hast du Lust mit auf einen Tee?«
Hatte ich, ist ja klar. Eigentlich hätte ich zu Hause anrufen müssen. Aber ich wollte jetzt nicht. – Vielleicht überlegte er sich's dann anders. Also ging er vor mir her, ins Haus. Ich hab' vor lauter Aufregung nicht viel gesehen.
Sein Zimmer (er ging in die Küche, den Tee kochen): Plüschtiere im Regal – Bücher, Blumen. An der Wand hing ein Bild. Häuser – Himmel – darunter etwas gekritzelt. Christian kam zurück.
»Gefällt es dir?«
Ich nickte.
»Hab' ich selbst gemalt«, sagte er.
»Ich male auch«, hab' ich gesagt, aber mir sofort auf die Zunge gebissen, denn meine Bilder waren sicher babyhaft gegen seine.
»Kann ich mir die auch mal angucken?« fragte er.
Oh ja, das wäre toll. »Gerne, ja sicher«, sagte ich.
Wir haben Tee getrunken. Bisher hab' ich ihn nicht gemocht, aber mit viel Kandis schmeckte er recht gut.
»Bist du allein?« fragte ich.
Er nickte: »Meine Mutter arbeitet und mein Vater auch.«

Meine Mutter, da dachte ich wieder an sie.
»Kann ich mal zu Hause anrufen?«
»Klar«, sagte er.
War gut mit dem Anruf. Klaus war am Apparat. Er wollte Mama sagen, daß ich später käme. Ich sah mir noch mal das Bild an.
»Ich male sehr viel gold und schwarz«, sagte ich.
Er nickte. Dann wühlte er in seinem Regal und holte eine große Mappe heraus. Voller Bilder. Es kommt mir jetzt alles vor wie im Traum. Ich habe sogar etwas gesagt zu den Bildern. Sie waren schön, viele Kohlezeichnungen – einfache, schnelle, grobe, schwarze Umrisse, aber sie gefielen mir.
Ich glaube, Christian gefiel es auch. Aber war das, was ich ihm sagte, nicht viel zu babyhaft? Ich kam mir auf einmal neben ihm vor wie ein Baby, als ob ich noch ganz klein wäre...
»Ich glaube, ich muß jetzt heim«, hab' ich gesagt.
»Kommst du denn noch mal wieder?« fragte Christian.
Und ob!
»Gerne«, hab' ich gesagt. »Du könntest ja auch zu mir kommen.«
Aber dann muß ich das mit Mama ja alles erzählen. Aber das muß ich ja sowieso.
»Sehen wir uns morgen in der Bahn?« fragte er.
Ich nickte. »Acht Uhr?«
Als ich nach Hause ging, schwebte ich wie auf Wolken.
Ich mag Christian. Ich sag's ihm auch mal; nur heute hab' ich's wieder nicht getan.
Oder doch.
Glaube ich wenigstens.
Denn auch wenn man nichts sagt, man sagt doch eine ganze Menge.

Papa und Mama waren schon ganz aufgeregt und haben gewartet und gewartet, weil ich so spät kam. Und – ich glaube – erst wollten sie schimpfen, aber als sie gesehen haben, daß ich ganz selig war, haben sie nichts gesagt.
Papa hat nur gesagt: »Du hast sicher noch nichts gegessen.«
Und er hat mir das Essen warm gemacht, hat sich zu mir an den Küchentisch gesetzt und gesagt: »Mittags essen wir alle zusammen – du auch, Dodo.«
Und ich hab' genickt.

17. 3.

Christian war in der Bahn.
Bibi und alle haben gesehen, wie ich mit ihm ausgestiegen bin und daß wir geredet haben. Die haben vielleicht Augen gemacht.
Jetzt will ich Mama vorlesen.

17. 3. abends

Ich habe Mama Märchen vorgelesen. Ganz viele. Mein Lieblingsmärchen ist ›Sterntaler‹ ...
In meinem Lesebuch habe ich noch ein anderes ›Sterntaler‹-Märchen gefunden. – Das hab' ich ihr auch vorgelesen. Es war von Büchner.
»Es war einmal ein arm Kind und hatt' kein Vater und keine Mutter, war alles tot, und war niemand mehr auf der Welt. Alles tot, und es is hingangen und hat gesucht Tag und Nacht. Und weil auf der Erde niemand mehr war, wollt's in Himmel gehn, und der Mond guckt es so freundlich an; und wie es endlich zum Mond kam, war's ein Stück faul Holz. Und da is es zur Sonn gangen, und

wie es zur Sonn kam, war's ein verwelkt Sonneblum. Und wie's zu den Sternen kam, waren's kleine goldne Mücken, die waren angesteckt, wie der Neuntöter sie auf die Schlehen steckt. Und wie's wieder auf die Erde wollt, war die Erde ein umgestürzter Hafen. Und es war ganz allein. Und da hat sich's hingesetzt und geweint, und da sitzt es noch und is ganz allein.«

»Welches findest du schöner?« habe ich Mama gefragt.

»Eigentlich das zweite«, sagte sie. – »Wußtest du eigentlich, daß das immer schon ›mein‹ Sterntaler war – schon als ich so alt war wie du, habe ich es mir aufgeschrieben und mir immer vorgelesen.

»Warum fandest du das denn so gut, Mama?«

»Ach, einfach so. Ich finde gut, daß das Mädchen immer sucht und sucht...«

»Das andere Sterntaler finde ich aber auch gut«, sagte ich. »Da hat das Mädchen am Schluß eine Hand voller Sterne. – Und so ist das eben: Du hast immer ein bißchen, immer wieder eine Hand voller Sterne; dabei willst du am liebsten den Mond haben. Aber den kriegst du halt nicht.«

19. 3.

Christian war heute nicht da. Ob ich mal anrufe? Aber ich weiß noch nicht mal, wie er mit Nachnamen heißt.

21. 3.

Christian war wieder nicht da. Ob da etwas ist?

24. 3.

Ich bin völlig durcheinander, weil Christian immer noch nicht da ist. Heute nach der Schule fahre ich mal hin. Ich habe Mama schon gesagt, ich käme später. Ich hab' ihr auch so'n bißchen erzählt von Christian.

25. 3.

Ich bin heute endlich nach der Schule hingegangen zu Christian. Sicher war er wieder allein. Erst als ich das Haus sah, wollte ich umkehren, aber dann hab' ich Mut gefaßt und bin doch gegangen.
Als ich geklingelt hab', hat mein Herz fast genauso laut geschlagen wie die Klingel. Auf jeden Fall meinte ich das.
Christian öffnete vorsichtig die Tür, im Bademantel. Er sah mich erstaunt an: »Du?«
»Ja, ich«, hab' ich gestottert.
»Komm herein«, sagte er.
Als wir drinnen waren, flüsterte er: »Da ist noch eine Klassenkameradin von mir, die bringt mir die Hausaufgaben.« – Und wirklich, da saß ein Mädchen: groß, schlank, gut aussehend. Sie lachte mich an, als sie mich sah. Ich gab ihr die Hand; aber da hätte ich plötzlich heulen können, wirklich laut heulen.
Ich sagte: »Ich hab' sowieso keine Zeit, wollte nur mal so gucken.« Und dann drehte ich mich um und ging wieder, rief »Tschüs« und zog die Haustür hinter mir zu. Und dann bin ich gerannt, gerannt, gerannt ... Ich weiß nicht mehr, wie, ich weiß nicht mehr, wo; ich weiß nur, daß ich gerannt bin – bis nach Hause, und das war noch ein langes Stück.

»Christian«, hab' ich gedacht. »Siehst du, ich bin doch ein Baby für dich.«
Ich bin in mein Zimmer gegangen. Ich wollte jetzt keinen sehen.
Ich hab' mich vor den Spiegel gestellt und mich angesehen. War ja auch klar. Die andere war sehr hübsch und groß. Und sie war ja auch älter. Ich mit meinen dünnen Haaren und mit meinen dreizehn Jahren. Und sicher war die andere auch sehr klug.

Und ich nahm mein Tagebuch und hätte hineinheulen, hineinschreien können:
Warum immer ich?
Warum ist meine Mama krank?
Warum hab' ich keinen Freund?
Warum sehe ich so blöd aus?
Warum, warum, warum?
Plötzlich legte jemand seinen Arm um mich. Es war Klaus.
»Dodo«, sagte er, »Dodo, sei doch nicht so traurig.« Und nach einiger Zeit sagte er noch: »Mama hat gefragt, ob du noch zu ihr kämst.«
Ich wollte jetzt nicht zu Mama. Mama konnte mir jetzt auch nicht helfen. Aber vielleicht ging es ihr ja nicht gut – und sie brauchte mich. Also bin ich doch hin.
Klaus hat mich noch ganz lieb gestreichelt. Mama hat mir nur ihre Hand gegeben.
»Was ist denn, Dodo?« hat sie gefragt.
Und dann ist es aus mir herausgeplatzt, wirklich geplatzt, und ich hab' alles, alles erzählt.
Und da hat Mama angefangen mir zu erzählen von sich früher:
»Ich machte einen Tanzkurs, mit vierzehn. Und sofort, als der Kurs anfing, hatte ich mich in einen verliebt. Aber

wie! Ich glaube, Udo hieß er. Ich hab' den ganzen Tag immer in Gedanken mit ihm gesprochen. Ich wollte ihm Briefe schreiben, hab' es auch getan, sie aber nie abgeschickt. Ich wollte anrufen – hab' mich aber nicht getraut. Und außerdem hatte er auch schon lange eine andere Tanzstundenpartnerin – und ich eigentlich auch einen Partner. Das war der Vetter von dem Udo. Aber er war klein und sah nicht so gut aus... Aber ich hab' dann immer mit ihm getanzt und gesessen, weil Udo ja schon jemanden anders hatte.
Nur einmal, ich glaub' es war vor dem Mittelball, da war ich bei Udo eingeladen, aber da waren noch viele andere, wie ich dann feststellte. Und ich hatte wieder nur meinen Tanzstundenpartner.
Viel später hab' ich den Udo mal wiedergetroffen. Wir waren beide schon Studenten. Da haben wir über den Tanzkurs gesprochen, und ich hab' diesen Schmerz von damals richtig noch einmal nachempfinden können. Da hat der Udo gesagt, er hätte mich damals auch gerne gemocht – aber ich hätte ja immer nur weggeguckt, und da hätte er nicht gewußt, was war. Er hätte sogar gedacht, ich würde ihn nicht mögen. Und da hab' ich nur gedacht: Was ist das komisch! Und ich hab' mir vorgenommen, über meine Gefühle zu reden, denn sonst versteht der andere vielleicht gar nicht, was man meint. Oder mißversteht es völlig. Aber es ist schwer, denn es gibt so wenige Worte, die das ausdrücken, was man will. Ich hab' mal den Titel eines Buches gelesen: ›Gefühle sind wie Farben.‹ Aber ich denke, das ist nicht ganz richtig, denn Farben kann man sehen, aber Gefühle nicht. – Und trotzdem denke ich, daß es so ähnlich ist.«
Ich hab' mich dann zu Mama an den Tisch gesetzt und ein Bild gemalt: Es war wieder schwarz und gold, und

Violett war auch drin. – Ob Gefühle wirklich wie Farben sind?
Heute morgen ist Christian in die Bahn eingestiegen. Ich hab' extra weggeguckt. Sollte er doch mit seiner Klassenkameradin von gestern fahren! Aber er ist zu mir gekommen und hat mir einen Brief gegeben. Einen ganz kleinen.
Ich hab' Christian kaum ansehen können; denn an der nächsten Haltestelle ist er schon wieder ausgestiegen.
Ich hatte den Brief in der Hand. Wirklich, es war ein Brief von Christian.
Ich hab' ihn dann aufgemacht. Und da stand: »Dodo, kommst du heute nach der Schule zu mir zum Tee? Dann können wir sprechen, auch über gestern...«
Mein Herz blieb fast stehen –
vor Freude.
Den ganzen Morgen hab' ich nur an Christian gedacht, und wie es sein würde und was wir sprechen würden. Hätte ich doch nur den blauen Pullover angehabt und die neuen Jeans. Die stehen mir besser als das, was ich heute morgen anhatte.
Ich rief Mama in der Pause an. Erklärte ihr, so gut ich konnte, in der Telefonzelle. Mama wünschte mir viel Glück.
Dann bin ich zu Christian gefahren...

26. 3.

Gestern konnte ich nicht weitermachen, will aber heute noch unbedingt das aufschreiben, was bei Christian war.
Auf dem Weg stürmte es. Die Bäume bogen sich, lagen zerzaust im Wind. Ich hatte die Hände in den Taschen,

den Schulrucksack auf dem Rücken. Sprang und hüpfte auf dem Plattenweg wie früher, als ich klein war; hatte aber kein anderes Mittel, um die Aufregung zu vertreiben.

Ich ging die Treppe hoch zum Haus, klingelte. Christian war fast sofort da. Freute sich. Gab mir die Hand, sagte: »Gut, daß du da bist.«

Erst haben wir geschwiegen. In seinem Zimmer hatte er den Tisch gedeckt: zwei Teetassen und Kekse.

»Setz dich«, sagte er. »Das mit gestern muß ich dir erklären. Das war wirklich eine Klassenkameradin. Sie hat mir schon, als wir ganz klein waren, die Aufgaben vorbeigebracht, wenn ich krank war. Das mit dir ist etwas anderes.«

»Was ist es?« wollte ich fragen, tat es aber dann doch nicht.

»Magst du einen Tee?«

»Gerne.«

Wir schwiegen wieder. Wir sahen uns an. Ich lächelte. Ich konnte nicht sprechen. Ich war wie versteinert, und doch – ich war bei Christian.

»Ich hab' dich schon lange beobachtet«, sagte Christian, »auf dem Schulhof. Du bist auch oft allein – auf jeden Fall in letzter Zeit. – Und als du mich dann angesprochen hast auf dem Weg zur Straßenbahn ...«

Ich schwieg immer noch, rührte in der Tasse.

»Ich hab' dir ein Bild mitgebracht«, sagte ich dann. Es war das Bild, was ich bei Mama gemalt hatte. Ich hatte es in die Mappe gelegt, weil ich eigentlich weitermalen wollte. Christian sah es sich an.

»Es gefällt mir. Hast du noch mehr Bilder, die ich mal sehen kann?«

»Ja, viele, zu Hause. – Du kannst ja mal kommen.«

»Gern«, sagte er. Er hängte mein Bild an die Wand.

»Aber wenn du kommst«, sagte ich, »meine Mama ist krank.«
»Ich hab' davon gehört«, sagte er.
»Sie wird sterben.«
Zum ersten Mal hatte ich es gesagt, einem Fremden gegenüber ausgesprochen.
»Mein Vater ist auch tot«, sagte Christian. »Er ist gestorben, da waren meine Eltern schon geschieden. Meine Mutter ist jetzt wieder verheiratet.«
Es entstand eine Pause.
»Gewisse Dinge, die wichtigsten, kapiert man erst, wenn so etwas passiert: Scheidung, Krankheit, Tod. Ich hab' dir angesehen, daß du schon viel kapiert hast.«
»Ich weiß gar nicht, ob ich's kapiert hab'«, sagte ich. »Ich bin oft einfach nur traurig. Meine Mama, die ist jetzt ruhig, gelassen – viel mehr als ich. Als hätte sie keine Angst mehr.«
Christian überlegte. »Bei meinem Vater war das am Schluß auch so. Irgendwann, da war ich bei ihm im Krankenhaus; er war traurig, auch schon sehr schlapp, müde. Da hat er mir auf einmal die Hand gegeben, und da wußte ich: Jetzt ist alles gut – auch wenn Papa stirbt. Es war gut. Eine Angst, ein Mißtrauen, das, was du mit ihm an Streit hattest: Alles ist weg. Und dann plötzlich kannst du auch drüber reden.«
Da dachte ich an Mama.
Wenn sie nicht so schlapp wäre und so dünn und nicht die Schmerzen hätte... Sie war sonst immer sehr fit gewesen. Hat uns viele Geschichten erzählt.
»Ich hab' meine Mama auch gefragt, warum sie das täte; da hat sie gesagt: ›Jeder Mensch besteht aus ganz vielen Geschichten. Die ganze Welt besteht aus Geschichten, und die will ich euch aufschreiben und erzählen...‹«
Christian nickte. »Oft fragst du dich: Was soll das alles?

Wozu? Hat ja doch keinen Zweck. – Und dann weißt du das alles plötzlich wieder. Du weißt, warum du's tust.«

»Warum denn?« fragte ich Christian.

»Warum?« wiederholte er. »Warum? – Das ist so. Ich kann's nicht erklären: Es hat etwas mit Tod zu tun und Sehnsucht, und daß du plötzlich etwas begreifst.«

Ich nickte.

»Es hat erst furchtbar gedrückt. – Und wenn die Angst raus ist, dann bist du frei. Das stimmt.«

Wir haben dann lange geschwiegen.

»Wie alt bist du eigentlich?« fragte Christian.

»Dreizehn«, sagte ich. »Und ich bin sechzehn«, sagte er. – »Aber das Alter hat wenig zu sagen. Viele sind mit sechzehn noch wie die Gänse.«

»Ich muß jetzt nach Hause«, sagte ich, denn es war schon vier. »Kommst du mal mit zu mir?«

»Wann?« fragte er.

»Übermorgen«, sagte ich. »Morgen hab' ich Klavierstunde und Klaus auch.«

»Übrigens«, fragte ich, »warum kommst du eigentlich nicht zur Schule?«

»Morgen komme ich wieder«, sagte er. »Ich hatte eine Grippe mit hohem Fieber – aber jetzt ist es wohl wieder gut.«

28. 3.

Den ersten Brief von Christian habe ich mir über meinen Schreibtisch gehängt. Es ist wie ein neues Leben, das anfängt.

8. 4.

»Die kleinen Dinge zählen«, sagte Mama.
»Die Blume am Fenster, die Morgensonne
und das Frühstück zusammen
und das Märchen, was ich vorlese oder du.«

Mama hat Papa angeschaut, ganz lange.
Mama sieht jetzt schön aus, besonders ihre Augen. –
Ich glaube, sie wird immer schöner.
Das ist meine Mama.
Und Papa hat sie weiter angeschaut –
ganz lange.

10. 4.

Klaus rennt jetzt immer mit seinen Schmusetieren herum. Er braucht etwas zum Knuddeln, etwas zum Liebhaben.
Das ist wohl das Wichtigste für ihn im Augenblick. –

12. 4.

Ich habe in der Bibel gelesen: »Glaube kann Berge versetzen.«
Hab' mit Christian drüber gesprochen. Er meinte, er hätte das früher anders gesehen. Er hätte gedacht: Man glaubt – und dann –
Zack, Bum, Knall –
ist der Berg woanders.
»Aber das ist nicht so«, sagte er. »Ich glaube, das geht ganz langsam: Du glaubst an etwas, und dann bröckelt von dem Berg, den du versetzen willst, ein Stückchen ab.

Und dann wieder ein Stückchen, und immer mehr. Du trägst langsam den Berg ab. Weil du glaubst, weil du vertraust, wird der Berg versetzt.«
Jetzt verstehe ich auch die Bibel viel besser. Vertrauen, Glauben, auch das Liebhaben, die sind wichtig.
Ich glaube, das begreift man wirklich erst, wenn etwas so Schlimmes ist, wie jetzt passiert ist.
Und doch geht es uns allen gar nicht so schlecht.
Wenn du platt auf der Nase liegst, wirst du hellhöriger.
Auch das Licht wird anders.
Die ganze Welt
und du selbst auch.

13. 4.

Was sind eigentlich Gott und Himmel? Sicher ist das mit Gott und mit dem Himmel so ähnlich, wie wenn ich träume. So ähnlich muß das sein wie meine Träume: Es ist in mir und gehört zu mir. Und doch ist es nicht richtig wirklich – es ist anders wirklich.
Es ist wie eine Art Sehnsucht, die auch in mir wohnt.
Und doch: keiner weiß wirklich wo.
So ähnlich ist das wohl auch mit dem Himmel, keiner weiß, wo und wie er ist.
Aber komisch – viele sagen, sie wüßten, wo er ist – der Himmel. Sie erzählen davon. Wie können sie das?

Ich habe etwas gefunden, in Mamas Buch.
Mama hat sich aufgeschrieben:
»Leben, das ist eben auch nur ein Hinfallen und Wiederaufstehen, Weiterleben, sich an den kleinen Dingen freuen, ... sich selber dabei nicht verlieren« (Maxie Wander).

14. 4.

Gestern zeigte Mama uns ein Bild von ihrer Oma. »Das war eine gute Frau«, sagte sie. »Sie hat uns Geschichten erzählt, Märchen und sehr viel vom Himmel. Sie war sehr fromm. Sie glaubte an das, was sie sagte. Für sie war alles aufgeteilt in Himmel, Hölle und Fegefeuer und natürlich Erde. Die Guten kamen in den Himmel, die Schlechten in die Hölle. – Aber die Guten mußten erst noch lange vorher ins Fegefeuer – und dort warten und bestraft werden, bis sie in den Himmel durften.
Ich hatte einen Religionslehrer, der hat uns das alles auch erzählt, aber anders. Da war die Hölle eine ständige Bedrohung, und in den Himmel kamen nur die furchtbar Braven. Da bekam ich Angst – so schrecklich war das.
Aber bei meiner Oma war das in Ordnung, da glaubte ich es; sie hatte selbst so ein Stück vom Himmel in sich.
Der Tod war für sie das Ende einer Reise. – Er gehörte zu ihrem Leben und mündete darin ein. ›Es ist wie das Geborenwerden voller Schmerz und voller Verheißung‹, hat meine Oma einmal gesagt. Manchmal rief sie laut: ›Anton, Anton.‹ So hatte mein Opa geheißen. ›Der ist jetzt im Himmel‹, sagte sie, ›das war ein guter Mann.‹ Und sie rief ihn noch einmal, einfach so, ganz laut. Das muß er gehört haben, und ich habe ihr das geglaubt.« –
So hat Mama das erzählt.
Und das war schön.

15. 4.

Ich habe über die Zeit nachgedacht.
Ich bin jetzt dreizehn Jahre alt, bald vierzehn. Meine Mama war fünfundzwanzig, als sie mich bekam. Jetzt ist sie achtunddreißig.

Sie ist noch nicht alt,
und doch – für mich – schon ziemlich alt. –
Komisch, daß einer früher sterben muß, und der andere kann so lange leben.
Warum sind denn nicht alle Leben gleich lang?

P. S. Heute hab' ich richtigen Ärger gehabt mit Frau Trutzius. Diese blöde Ziege. Ich habe gemogelt bei der Mathearbeit. Weiß ich ja; aber darum macht die Ziege solchen Zirkus. Ich hab' von Bibi genau eine Aufgabe gekriegt. Und darin war sogar noch ein Fehler! Und das wollte ich Bibi sagen. Und da hat die Tritzius plötzlich geschrien und gesagt, ich wäre halt so ein Kind, das das Mogeln nötig hat – und noch mehr. Ich glaube, ich gehe morgen mal zu meiner Klassenlehrerin, Frau Schwarz. Die ist nett. Mit der red' ich drüber, vielleicht auch über das mit Mama. Ich glaube, sie hat auch Kinder. –

16. 4.

Ich war bei ihr. Ich hab' ihr auch das mit Mama gesagt. Und da hat sie vorgeschlagen, ich solle mal zu ihr kommen, heute nachmittag um fünf Uhr. Dann hätte sie richtig Zeit. Ich weiß nicht, ob ich mich freuen soll, obwohl ich sie mag – aber Angst hab' ich auch so ein bißchen. Ist ja immerhin meine Lehrerin.

P. S. Sie hat im übrigen sofort gesagt, das mit der Trutze wäre nicht so schlimm. Die rege sich oft erst so auf. Die meine das aber gar nicht so.
Das kann ich zwar nicht so ganz glauben, weil ich die Trutze ekelhaft finde, aber immerhin ist die Sache erst mal beredet.

17. 4.

Mama liest ganz viel.
Ja – sie ist dann ganz, ganz zufrieden und glücklich. Als wenn die Krankheit ein neuer Abschnitt wäre in ihrem Leben.
Ich war erschrocken, als ich geschrieben hatte: Leben. Denn sonst sagt man doch:
vor dem Tod.
Ja, Mama lebt noch, lebt richtig. Richtig lebendig ist sie.
Ich bin gerne bei ihr.
Sie ist jetzt noch mehr meine Mama. –
Es ist so, als hätte sie neue Augen und eine neue Stimme – tiefer, brennender, zärtlicher –
meine Mama. –
Und die Geschichten, die sie erzählt.
Mama hat gesagt: Wenn ich auch nicht mehr da bin: Die Geschichten bleiben – das bin ich ...
Daher will ich sie auch alle aufschreiben. Ich habe mir extra ein Mamageschichten-Buch zugelegt. Und mir tut es gut. – Mama erzählt darin ihre Geschichten – und ich erzähle in meinen Bildern.
Heute sagte Mama zu mir: »Sieh mal da, den Baum.«
Er rauschte. Ich sah ihn.
Wirklich. –
Bisher hab' ich ihn nie gesehen.
Die Welt hat sich verwandelt.
Irgendwie.
Ich glaube, ich hab' auch neue Augen, andere Augen. Zauberaugen.

18. 4.

Manchmal kommt es mir auch so vor, als wenn das alles nicht stimme.
»Mama«, rufe ich dann so vor mich hin, »Mama – das stimmt doch gar nicht, daß du so krank bist.«
Und ich lege mich auf mein Bett in mein Zimmer, schaue an die Decke und stelle mir vor, Mama wäre ganz gesund. – Wir kommen aus der Schule, und sie ist zu Hause wie früher.

19. 4.

Hab' mit Papa Schach gespielt,
mit Christian lange telefoniert,
Mama von der Schule erzählt.
Der Tag war gut.

22. 4.

Klaus hat sich eine Höhle gebaut unter seinem Tisch, an der Heizung.
Da ist er mit Peer oder mit seinen Kuscheltieren.
Gestern war ich auch da unten, bei ihm.
»Wie lange lebt Mama wohl noch?« hat er plötzlich gefragt.
Ich war erst erschrocken. »Es kann noch lange sein, aber auch ganz kurz«, hab' ich ihm gesagt.
Dann nahm ich meinen kleinen Bruder in den Arm. »Wir bleiben aber doch zusammen«, sagte ich. »Und Mama bleibt ja auch irgendwie bei uns. In uns drin, alles, was sie gesagt hat. Wir können uns Bilder angucken von ihr oder an sie denken.«

»Oder Mama spielen«, hat Klaus gesagt. »Dann ist sie da.«

24. 4.

Gestern hat die Sonne ganz warm geschienen, und am Fenster hab' ich meine blauen Blumen aufgehängt aus der Bretagne. Und zu Mama sagte ich: »So ähnlich muß das sein, wo du hingehst, Mama: wie die Blumen dort oder auch wie die Sonne.«
Ich gab Mama die Hand, und wir haben zusammen auf die Blumen geschaut und auf die Sonne. –

28. 4.

Heute hat Mama nicht mehr gegessen. Sie schläft viel, fast nur noch. Ich weiß, was das bedeutet.
Ich kann jetzt nicht weiterschreiben; mir wird ganz übel, und eigentlich brauche ich jetzt einen zum Reden. Obschon ich das ja schon lange wußte. Ich hatte so schöne bunte Nudeln gekocht. Aber Mama war ganz schlapp. Sie hat nur abgewinkt. Geweint hat sie auch. Und jetzt sitz ich hier...

Dann ist Papa noch gekommen. Wir haben zusammen Schach gespielt. Das tun wir jetzt öfter. Wir spielen dann zusammen – und reden und brauchen doch nicht zu reden – darüber. So ähnlich ist es. Auf jeden Fall tut es gut.

2.5.

Mama lag heute auf ihrem Bett. Sie hatte ein Blatt neben sich liegen, auf dem etwas mit der Hand Geschriebenes stand. Sie lag nur da und schaute zum Fenster und dachte nach. Sie ist zusammengezuckt, als sie mich sah und hat gelacht.

»Na, bist du mit den Hausaufgaben fertig?«

»Fast«, hab' ich gesagt. Stimmte aber gar nicht. Aber ich konnte keine Schularbeiten machen.

»Was liest du denn da, Mama?« hab' ich gefragt.

Mama gab mir den Zettel:

»O Herr, gib jedem seinen eigenen Tod ...«

»Gibt es wirklich verschiedene Tode«, habe ich Mama gefragt.

»Ja«, hat Mama gesagt.

»Aber Tod ist doch Tod.«

»Nein, es gibt verschiedene Tode. Es gibt zum Beispiel einen ganz stummen Tod. Keiner spricht darüber. Jeder hat Angst für sich«, hat Mama gesagt.

Ich nickte. Inga hatte mir davon erzählt. Als ihre Mutter starb, da hatte keiner mit ihr gesprochen. Keiner hatte vorher gesagt: Deine Mutter ist krank. Alle hatten nur geschwiegen. Und dann war sie plötzlich tot gewesen. Ja, Inga war nicht dabei – auch nicht bei der Beerdigung. – War angeblich nichts für Kinder.

»Warum haben die meisten solche Angst, darüber zu sprechen?« fragte ich Mama.

»Die meisten Menschen haben fast immer Angst«, antwortete sie. »Die Angst steht immer hinter ihnen, und sie merken sie nicht richtig. Aber wenn sie sich mal umdrehen, auf sie zugehen, sie packen würden, dann geht sie weg. Das ist so.«

Mir fiel der Kater einer Nachbarin ein, vor dem ich mal

unheimliche Angst gehabt hatte. Und eines Tages, da hab' ich mich umgedreht und bin auf ihn zugegangen:
Und da ist der Kater ganz schnell weggerannt, und die Angst war auch weg...
Das hab' ich Mama erzählt.
»So ist es«, sagte sie. »Und mit dem Tod ist es so ähnlich. Wenn ich wegrenne vor ihm, dann sehe ich ihn ja gar nicht, und er wird hinter meinem Rücken immer größer und größer, und ich sehe ihn nicht, hab' nur Angst und weiß gar nicht, wie er aussieht. Wenn ich ihn aber anschaue, merke ich, daß die Angst kleiner wird. Denn: Er gehört ja zu mir. Ich muß ihn einfach anschauen. Dann ist er auch nicht mehr so fremd.«
Mama hatte jetzt ein richtig schönes Gesicht; so wie damals, als sie gelacht hat.
»Woher weißt du das, Mama?«
Mama zeigte auf ihr Herz. »Da drinnen«, sagte sie, »hab' ich es begriffen. Erst hatte ich immer ein Kribbeln im Bauch, ein Drücken, eine Übelkeit, und dann auf einmal, als ich das alles begriff, hörte das auf. Das Herz hat ganz ruhig geklopft, der Bauch hat nicht mehr gekribbelt. Ich wurde ruhig. Ich hatte keine Angst mehr ... auf jeden Fall meistens.«
Ich drückte mich an Mama, legte mich zu ihr, neben sie ins Bett. Mein Herz pochte erst ganz laut und wurde langsam und ruhig. Mein Bauch kribbelte nicht mehr. Die Angst kroch heraus. Ich war so ruhig wie lange nicht mehr.
Mama und ich waren ganz still und haben auf unseren Atem und auf unseren Herzschlag gehört.
Wir haben lange so gelegen.
(Am liebsten würde ich das auch hier im Tagebuch ganz, ganz lange festhalten. Aber das kann ich nicht.

Worte sind nicht das gleiche wie das, was wirklich passiert. Passiert ist.)

8. 5.

Mama hat dann fast nur noch geschlafen. Manchmal redete sie noch, auch im Schlaf. Sie schlief, sie schlief langsam ein.

10. 5.

Früher hab' ich mir immer gedacht: Tod ist etwas Ähnliches wie ein langes Einschlafen.

14. 5.

Heute ist Mama gestorben,
ganz friedlich.
Sie hat uns angeschaut und hat
»Auf Wiedersehen« gesagt.
»Auf Wiedersehen, Mama«, hab' ich gesagt,
und auch Papa und Klaus haben es gesagt:
»Auf Wiedersehen, Mama!«

20. 5.

Mama ist tot.

Mama ist tot.
Und manchmal finde ich das so ungerecht. Dann schreie ich ganz laut in meinem Zimmer und trommele mit den Fäusten an die Wand und rufe: »Mama, komm doch zurück!«

Mama ist tot –
und manchmal ist da wieder
dieses schwarze Loch.
Und ich habe Angst.

Mama ist tot –
und manchmal weine ich einfach,
weil ich meine Mama so gerne
wiederhaben will.

Mama ist tot –
und Papa ist oft bei uns – jetzt.
Aber er ist ja auch selber traurig.
Mama ist tot –
und ich lege mich hin und höre meinem Herzen zu, wie es langsam und ruhig wird, wie damals bei Mama. Ich glaube nicht, daß jetzt alles zu Ende ist, denn als Mama starb, habe ich ihr Lächeln gesehen. Da war keine Angst.

Sogar als der Sarg herabgelassen wurde, habe ich gespürt, daß ganz viel von Mama in mir und auch in Papa und Klaus weiterlebt. Und da sind die vielen Bilder in mir. Und trotzdem habe ich geweint. Ganz furchtbar.

Ich glaube, daß Mama irgendwo ist und irgendwo weiterlebt.
In der Welt, die sie immer das Geheimnis nannte.
Vielleicht ist diese Welt ein großer Garten voller Blumen – mit Sonne und Schmetterlingen.
Vielleicht leben die Menschen in dieser Welt gut zusammen.
Vielleicht gibt es in dieser Welt nicht mehr Krieg und Krankheit.

Da ist Mama. Das weiß ich, und manchmal, wenn ich so für mich bin, dann meine ich, sie spricht zu mir. Dann erzählt sie mir vielleicht ihr ›Sterntaler‹-Märchen oder wieder von ihrer Oma und von ihrer Angst.
Meine Mama ist tot, und wir hatten uns lieb, auch wenn wir gestritten haben und geschimpft. Aber wir hatten uns lieb, und das trag' ich herum wie einen Schatz.
Mama ist tot, und ich weine. Ich möchte auch noch eine Mama haben wie die anderen, aber sie ist tot.
Sie ist gestorben, als draußen gerade die erste Frühlingssonne schien.
Sie hat uns »Auf Wiedersehen« gesagt – sie hat uns umarmt – und es noch einmal gesagt.
Und das war ein Versprechen. Sie ist ganz leise eingeschlafen, fast lächelnd. Ich glaube, sie hat das Licht gesehen, von dem sie immer gesprochen hat; denn das Lächeln war sehr schön und ganz hell.
Mama ist zu Hause gestorben, und das war auch gut so. Und als sie tot war, hat Papa uns in den Arm genommen und gesagt: »Jetzt machen wir zusammen weiter.«
Klaus holte seine Schatzkiste und sagte: »Guck das mal an Papa, das gehört jetzt auch dir. Und wenn man den Schatz anguckt, ist man nie allein.« –
Ich schaue aus dem Fenster. Da blüht jetzt die Hortensie, die Mama und ich aus der Bretagne mitgebracht haben.
Die Sonne strahlt. Es wird wieder Frühling. Der Winter ist vorbei. Meine Mama ist nicht mehr da. Wer war sie? Ich werde es herausfinden, langsam und stückweise kleine Brücken bauen und Bilder. Gefühle brauchen manchmal Zeit, auch Worte, auch Farben – ehe sie klar werden.
Meine Mama.
Und es bleibt so viel, so viel, was keiner sagen kann.
Christian hat mir geschrieben.

»Dodo«, schrieb er, »liebe Dodo. Du mußt jetzt ganz traurig sein, und ich bin es auch. Ich kenne diese Traurigkeit.
Vielleicht hilft es dir, wenn ich sage: Liebe, kleine, große Dodo. Ich hab' dich lieb, ganz lieb.«
Ich hab' mich so gefreut. Und wie es mir geholfen hat!

Ich spielte mit Klaus in seiner Höhle. Und Papa kam auch.
»Ob es Mama kalt ist – draußen auf dem Friedhof?« hat Klaus plötzlich gefragt. Komisch, daß Klaus das auch dachte. Ich hatte auch schon oft daran gedacht. Ich schüttelte den Kopf, und wir haben weitergespielt, Klaus und Papa und ich. Es ist so friedlich bei uns. Und doch weiß ich, wir kriegen auch bald wieder Krach.
Warum vergißt man alles so schnell? Warum hat man von alldem keine Spuren im Gesicht?
Oder – hab' ich sie doch, die Spuren? Ich hab' mich im Spiegel angesehen ... lange. Und ich habe Spuren dort gesehen. Und ich habe gesehen, daß ich so ähnlich aussehe wie Mama. Und doch bin ich Dodo, immer mehr. Mit meinem Gesicht.

P. S.
Mama hatte mir ein Gedicht geschenkt. Ich glaube, sie hat es selbst geschrieben in ihrer letzten Zeit, als sie soviel erzählt hat und geschrieben und gelesen.

Ich habe es über meinen Schreibtisch gehängt, und ich habe dabei an den schwarzen Vogel gedacht und an die blauen Blumen. Das Gedicht ist traurig und auch nicht; so, wie das alles mit Mama auch war. Ich denke, das darf man nicht verschweigen. Und das Wichtigste: Mama hat gelebt, und sie wurde geliebt.

Traurigkeit
vielleicht ein schmaler Mond
oder die große Sonne

Traurigkeit
ein Ball, der mit Dir hüpft

Traurigkeit
eine Blume,
eine Höhle,
ein Vogel,
ein Tanz

Traurigkeit
ein wärmender Stein

Und wir alle haben uns nicht unterkriegen lassen. Manchmal waren wir jeder in seinem Schneckenhaus, dann waren wir wütend und haben getrommelt mit den Fäusten. Und das tat gut. Und wir haben geweint und gelacht.
Und das alles steht in dem Gedicht. Die Traurigkeit ist ganz traurig, aber wenn man darauf zugeht (wie auf die Angst)
mit offenen Augen,
mit Lachen und mit Tränen,
dann kann sie einen ganz warm machen.
Dann kann sie so traurig sein, daß es schön wird und warm und lebendig.

Da klingelt das Telefon.
Hoffentlich ist es Christian.

Quellenhinweise

S. 25: ›Tränen‹ von Mascha Kaleko, aus: *Mascha Kaleko,* Heute ist morgen schon gestern, arani-Verlag, Berlin 1980

›Vögelchen ...‹, aus: *Frantz Wittkamp,* Ich glaube, daß du Vogel bist. Beltz & Gelberg, Weinheim 1987

S. 49: ›Ich habe gebetet ...‹, aus *Günter Bruno Fuchs,* Das Lesebuch des Günter Bruno Fuchs, Carl Hanser Verlag, München/Wien 1970 (Titel des Gedichtes: »Für ein Kind«)

S. 55: ›Mein schönstes Gedicht‹ von Mascha Kaleko, aus: *Mascha Kaleko,* In meinen Träumen läutet es Sturm, dtv, Bd. 1294, München 1977

S. 59: *Peter Härtling,* Das war der Hirbel, Beltz & Gelberg, Weinheim 1983

S. 71: Märchen aus: *Georg Büchner,* Woyzeck, in: Gesamtausgabe, Insel Verlag, Frankfurt 1962 (9. Aufl.)

Die 16jährige Vera verläßt ihr Elternhaus in einer Kleinstadt an der Küste, um in Berlin ein Praktikum in einer Großküche zu absolvieren. Sie löst keine Rückfahrkarte, weil sie niemals in die kleinbürgerliche Enge des Elternhauses zurückkehren will.

Der Roman beschreibt den Weg eines jungen Mädchens in die Selbstständigkeit. Vera erobert die fremde Stadt, erlebt Freundschaft, Liebe, Ängste, Depressionen, Frust und Zorn. Und meist ist es ihre Ehrlichkeit sich selbst und anderen gegenüber, die ihr weiterhilft. Ganz selbstverständlich lebt sie Mitmenschlichkeit statt Konkurrenz und Eifersucht.

Renate Schoof
OHNE RÜCKFAHRKARTE

184 Seiten. Gebunden. ISBN 3-7903-0493-X